Carlito Maia, em 1987, um rosto a mais entre os criados por Tarsila do Amaral na tela *Operários*.

CARLITO MAIA

· PAULICÉIA ·

Coordenação Emir Sader
Conselho editorial Gilberto Maringoni
Ivana Jinkings
Nelson Schapochnik
Vladimir Sacchetta

A imagem de São Paulo se modifica conforme as lentes que utilizamos. O sonhado e o real, o desejado e o rejeitado, o vivido e o simbolizado, o cantado e o pintado, o desvairado e o cotidiano – múltiplas facetas de uma cidade-país – serão retratados nesta coleção. São quatro séries, que buscam montar um painel das infinitas visões paulistas: Retrato (perfis de personalidades que nasceram, viveram ou eternizaram suas obras em São Paulo), Memória (eventos políticos, sociais e culturais que tiveram importância no Estado ou na capital), Letras (resgate de obras – sobretudo de ficção – de temática paulista, há muito esgotadas ou nunca publicadas em livro) e Trilhas (histórias dos bairros ou de regiões do Estado).

Para tanto, foram selecionados autores, fenômenos e espaços que permitam a nosso olhar atravessar o extenso caleidoscópio humano desta terra e tentar compreender, em sua rica diversidade e em toda sua teia de contradições, os mil tons e subtons da Paulicéia.

ERAZÊ MARTINHO

CARLITO MAIA

a irreverência equilibrista

© 2003, Erazê Martinho
© 2003 desta edição, Boitempo Editorial

·PAULICÉIA·

CARLITO MAIA
a irreverência equilibrista

Coordenação editorial Ivana Jinkings
Leticia Braun
Sandra Brazil
Preparação Ricardo Gozzi
Revisão Maria Fernanda Alvares
Capa Andrei Polessi
Produção gráfica Daniel Tupinambá
Projeto gráfico Antonio Kehl
Diagramação Gapp design
Tratamento de imagens Antonio Kehl
Renata Alcides
Fotolitos OESP
Impressão Yangraf

ISBN 85-7559-031-6

Nenhuma parte deste livro pode ser utilizada ou reproduzida sem a expressa autorização da editora.

1ª edição: julho de 2003

Todos os direitos reservados à:
BOITEMPO EDITORIAL
Jinkings Editores Associados Ltda.
rua Euclides de Andrade, 27
Perdizes 05030-030 São Paulo SP
tel./fax 11 3872-6869 3875-7250
e-mail editora@boitempo.com
site www.boitempo.com

Sumário

Humor e amor 11
Frei Betto
Alguma coisa aconteceu no meu coração 15
"Sin perder la ternura, jamás" 23
   Por favor, Parè Bar agora 28
O feitiço da Vila Buarque 31
   Rápido no gatilho 35
Liverpool é aqui 41
   Apetite por viver 45
   Il sorpasso 48
Não nos ame, deixe-nos em paz 51
   Apesar de tudo 56
Amigos, amigos, negócios à risca 63
   De olho no olho da rua 68
Vestindo todas as camisas 71
   E agora, Josés? 75
   Luzes mesmo fora da ribalta 78
Assim no céu como na terra 97
Carlito Maia – de ouvir dizer 103
Depoimentos
   Antonio Candido 105
   Beatriz Tibiriçá (Beá) 106
   Betty Milan 107
   Chico Alencar 108
   Clóvis Rossi 109
   Eduardo Suplicy 109
   Elza Ferreira Lobo 110

  Eugênio Bucci 113
  Frei Betto 115
  Geraldo Casé 117
  Glauco Arbix 118
  Humberto Pereira 119
  Ignácio de Loyola Brandão 122
  João Baptista Breda 125
  João Pedro Stedile 127
  Jô Soares 127
  Leão Serva 128
  Lourenço Diaféria 129
  Luiz Inácio Lula da Silva 131
  Malu, Maurício, Marquito, Luciana e Mariana 132
  Marcelo Auler 133
  Silas Corrêa Leite 136
  Silêncio sem documento 137
  Sônia Cintra 138
  Tereza Rodrigues 138
  Zé Nuno Martins 138

Carlito Maia – digo-vos com quem andava... 143
Correspondências
  Carlos Drumond de Andrade 145
  Florestan Fernandes 146
  Antonio Candido 147

Carlito Maia – de não esquecer 149
Textos de Carlito
  Na tela e no palco 151
  Sonhar não é proibido (e faz bem) 153
  Nas asas da canção 154
  Agora é tarde 155
  Ok, vocês venceram 156
  Velho amigo & neta nova 157
  A Grande Marcha (à ré) 158
  O poder é de morte 159
  Los años sin cuenta 160
  Nunca mais, nunca mais 161
  Carta ao Painel do Leitor 162
Frases de Carlito 164

Cronologia 167

"Sonho, logo existo"
beijares e abraçares de Carlito Maia, testemunhados,
ouvidos e de próprio punho.

A Maurício Maia e Tereza Rodrigues, pelo estímulo.

Agradecimento especial a Albertinho Lyra, pelas pesquisas na internet, e a Maria Fernanda Corrêa de Lima, pelas assepsias sugeridas.

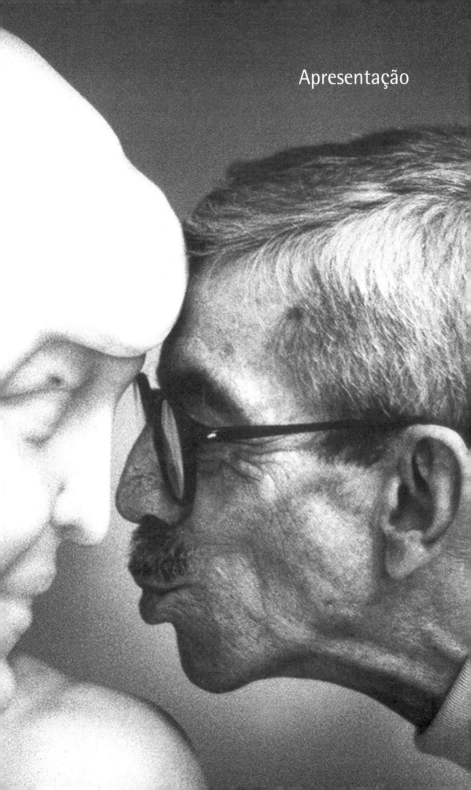

Apresentação

Beijando escultura de Victor Brecheret:
"dar vida à matéria, matéria de artista",
em 1991.

Humor e amor

Quem teve o privilégio de compartir o pão (daí a palavra *companheiro*), de fome e de beleza – e também uns tantos goles – com Carlito Maia, agora se sente menos egoísta graças a este expressivo retrato biográfico que ele mereceu de Erazê Martinho.

Companheiro de eras e veras do biografado, o autor nos brinda com recordações que vão do resgate da história de Carlito à revivência de emoções indeléveis plantadas no coração. Exímio cronista, Martinho nos convida, num texto agilizado pelo talento, a revisitar a trajetória do mineiro de Lavras que se tornou paulista de profissão e petista por opção.

O autor acertou no alvo: atrás do Carlito amante, amigo, publicitário e jornalista, residia o homem aflito. E a aflição é uma das bem-aventuranças elencadas por Jesus no Sermão da Montanha (*Mateus* 5, 4). Em Carlito, essa aflição extravasava pelos poros e pelos textos, como quem "suga a vida qual fruta madura chupada no pé", me disse ele um dia. Mas havia o consolo das flores remetidas a amigos e amigas por ocasião de festas, homenagens e natalícios. O perfume dos buquês impregnava-nos do afeto de Carlito.

Como toda a sua irreverência, ele foi o último cavalheiro de uma geração romântica. E, com o seu boné do MST, um homem que se pautava por princípios, nunca por conveniências. Este o legado que nos deixou.

Tantos depoimentos reunidos nesta obra, e frases e textos do próprio Carlito, enriquecem o trabalho de Erazê Martinho. Como o imortal personagem de Chaplin, Carlito fez do humor e da irreverência coisas sérias, que nos divertem e, ao mesmo tempo, questionam e provocam reflexão.

Pessoas como Carlito são, infelizmente, cada vez mais raras. Porque sabem, como ele e Chaplin, que a força do humor brota da densidade do amor.

Frei Betto

Alguma coisa aconteceu
no meu coração

O jovem Carlito, em foto de 1948.

Em 1961, muitos anos antes de Caetano Veloso rebatizar São Paulo de "Sampa", *a força da grana que ergue e destrói coisas belas* já começava a substituir os palacetes dos antigos barões do café por imponentes edifícios de concreto aparente e vidro fumê, sedes de bancos e escritórios comerciais de grandes empresas. É desse tempo o Conjunto Nacional, construído no quadrilátero formado pela avenida Paulista, rua Augusta, alameda Santos e rua Padre João Manoel. No quarto andar de um dos blocos da nova atração arquitetônica da Paulicéia funcionava o escritório da Bendix Home Appliances do Brasil, empresa licenciada pela Philco norte-americana para produzir máquinas de lavar roupa, uma das muitas novas exigências do estilo de vida dos moradores da metrópole – cujo linguajar também se modernizava com estrangeirismos, migrados agora dos Estados Unidos, e que constituíam o novo dialeto do mundo dos negócios e da publicidade.

Não apenas pelo produto que fabricava, mas também por seus proprietários, a Bendix brasileira era outro indicador da

São Paulo dos novos rumos, tomados a partir do fim da Segunda Guerra Mundial. Eram sócios da empresa os quatrocentões Moraes Barros, descendentes de Prudente de Moraes, gente historicamente ligada à agropecuária e à intelectualidade, agora vinculada ao seleto grupo de capitães da nova indústria paulista.

Um dos descendentes da tradicional família, cujo prenome Nicolau se modernizara pra Nick, era diretor de propaganda da empresa e estava reunido com a agência de publicidade Magaldi-Maia & Prosperi. Apesar da inflação galopante e do corcovear da política por conta da saltitante ascensão e queda do jânio-janguismo, o mercado de *big tickets* – eletrodomésticos de maior porte, cujo conforto ia além do proporcionado pelos já consagrados liquidificadores, ventiladores, batedeiras e ferros de passar roupa – era propício ao lançamento de uma nova lavadora, tecnologicamente mais avançada que as pioneiras Economat. Eu era um dos responsáveis pelo *briefing* da nova Gyromatic 474, ao passo que Carlito Maia estava a cargo da campanha de propaganda do novo produto.

A reunião terminou no andar térreo do Conjunto Nacional, no bar do restaurante Fasano, onde travei meu primeiro contato com os espíritos de Carlito Maia e da vodca Wiborova, outra novidade de consumo da classe média alta.

Migrar das qualidades da vodca para conversas sobre a banda menos alegre do Leste europeu foi uma questão de doses. O socialismo fazia parte de nossas utopias, assim como a realidade da União Soviética stalinista era um caroço a ser engolido – geralmente com tragos de bebida alcoólica – por uma parcela de, digamos assim, intelectuais de esquerda, da qual Carlito e eu fazíamos parte.

Começamos a nos encontrar também depois do expediente de trabalho, oportunidade que serviu para ouvir dele alguns detalhes de sua história familiar, da qual se orgulhava. Ser mineiro de Lavras era uma de suas fontes de orgulho.

Em 19 de fevereiro de 1924, Carlito nasceu Carlos Maia de Souza, em Lavras, Minas Gerais, filho de Benedito Carlos de

Souza e de Dulce Moura Maia. A família Moura Maia era tradicional na cidade. Carlito nasceu no casarão dos Moura Maia, uma construção típica do século XIX, que abrigava, além da família, um hotel.

Benedito Carlos de Souza, paulista da região de Sorocaba, conhecido pelo apelido de Petico, chegou a Lavras como tropeiro. Acabou se casando por lá. Do casamento de Petico e Dulce nasceram seis filhos, os três primeiros em Lavras. Para celebrar o nascimento de Hugo, Carlito, Maurício e, mais tarde, Tereza, Gastão e Dulce, os avós maternos Gastão Moura Maia e América do Brazil Republicano Moura Maia plantaram, no quintal do casarão, as seis jabuticabeiras que ainda hoje existem.

Além da particularidade das jabuticabeiras, sempre que falava de sua família, Carlito lembrava o nome da avó, América do Brazil Republicano Moura Maia, nascida ainda no tempo do império, mas ostentando, já no batistério, a convicção republicana dos pais. Carlito falava com muito carinho e orgulho a respeito desse "DNA" de coragem e rebeldia ancestrais.

Ainda nos anos 1920, a família mudou-se para São Paulo, onde viveu na rua Conde de Sarzedas e redondezas até 1930, quando nasceu Tereza. Eram tempos de agitação social, tropas militares ocupavam praças e dispersavam aglomerações populares, preparava-se o palco para o golpe que depôs Washington Luís. Nos anos 1930, a família mudou-se para Santos, onde Maurício morreu adolescente.

A partir da década de 1940, ainda muito jovem, Carlito voltou a São Paulo para trabalhar como *office-boy*. Mais tarde, transformou-se em representante de um fabricante de caixinhas de fósforo feitas de papelão, em cuja parte externa podiam ser impressos nomes de empresas ou mensagens publicitárias.

Foi seu primeiro contato com um produto que, tempos depois, o *merchandising* incluiria no arsenal de materiais das campanhas publicitárias – a atividade mais marcante na vida do criativo mineiro de Lavras.

Em seus dias de *office-boy*, porém, prevalecia a propaganda tal qual a definiam os dicionários, para distingui-la dos reclames comerciais. Propaganda era o nome que se dava à disseminação de idéias políticas e tinha num mestre-escola alemão, Josef Goebels, seu expoente máximo. Apoiada por monumental campanha coordenada por Goebels, estourava a Segunda Guerra Mundial, alastrando pela Europa o nazismo de Adolf Hitler e sua versão bufa, mas igualmente nefasta: o fascismo de Benito Mussolini.

No Brasil, o Estado Novo getulista vacilava entre a neutralidade e a inscrição do país ao lado das forças aliadas, que se mobilizavam para deter o avanço do autoritarismo racista. O torpedeamento de navios da nossa Marinha, em águas da costa brasileira, fez com que o caudilho Getúlio Vargas declarasse guerra ao Eixo, formado por Alemanha, Itália e Japão, o novo membro da triste aliança de trágica memória.

Carlito ainda não tinha 18 anos quando a declaração de guerra foi assinada por Getúlio. Tropas brasileiras começavam a se preparar para se juntar aos Aliados na segunda frente – aquela que faria a invasão da Europa ocupada pelo nazifascismo a partir do mar Mediterrâneo.

A outra frente de batalha era comandada pela finada URSS, de onde partiria até o encontro das duas em Berlim, quase dois anos depois. Convicto de ideais democráticos, desde essa época, Carlito Maia inscreveu-se como voluntário na Aeronáutica, já que ainda não tinha idade para servir regularmente nas Forças Armadas. Com ele foi o irmão Hugo.

Carlito serviu na base aérea de Parnamirim, no Rio Grande do Norte, enquanto Hugo foi para a base aérea de Belém, no Pará. Entre os fatos que marcaram sua carreira militar, Carlito relatava uma conversa por rádio com Hugo, depois de separados. Um deles comentou: "Estou no cu do mundo". O outro respondeu: "Então o mundo tem dois cus".

O bom humor sempre fez parte das armas de defesa e ataque dos Maia de Souza. Carlito era, certamente, o artilheiro da família.

A guerra terminou antes que Carlito e Hugo embarcassem para a Europa e se juntassem à Força Expedicionária Brasileira, a FEB dos pracinhas que, segundo expressão usada, fizeram "a cobra fumar" e reconquistaram dos nazistas Monte Castelo e Monte Casino, dois marcos da valentia da tropa tupiniquim.

De volta a São Paulo e até 1954, Carlito foi representante comercial. Quando completava 30 anos, levado pelo irmão Hugo Maia de Souza, prestou exame na Escola de Propaganda, que funcionava junto ao Museu de Arte Moderna. Passou em primeiro lugar, tendo chamado a atenção do presidente da mesa examinadora, Geraldo Santos, de quem se tornou amigo. Foi Geraldo que o levou para trabalhar na agência de publicidade McCann-Erickson, onde Carlito assumiu a conta da Goodyear.

Em maio de 1958, casou-se com Maria Helena. Dessa união, nasceram cinco filhos: Maria Luiza, em fevereiro de 1959; Maurício, em janeiro de 1961; Marco Antônio, em abril de 1964; Luciana, em setembro de 1965; e Mariana, em outubro de 1967. Sentimental a seu estilo, o cosmopolita Carlito Maia celebrou cada nascimento – e anualmente cada uma dessas datas – arquivando exemplares de jornais da grande imprensa.

As jabuticabeiras do quintal do casarão de Lavras eram coerentemente substituídas por ícones da comunicação. Carlito divorciou-se de Maria Helena no final dos anos 1970 e passou a viver, no início dos anos 1980, com Tereza Rodrigues – que esteve com ele até sua morte, em 22 de junho de 2002.

"Sin perder la ternura, jamás"

Tereza Rodrigues, Carlito, Sebastião Salgado,
Eduardo Suplicy e João Pedro Stedile durante
lançamento do álbum *Terra*, de Salgado (1997).

A coincidência de ideais políticos foi, sem dúvida, um fator importante no estreitamento de minha amizade com Carlito Maia numa época em que a credulidade nos fazia supor que o futuro era para então. A vitoriosa revolução cubana e, por todo o Brasil, a efervescência de movimentos culturais, marcadamente comprometidos com o pensamento, se não revolucionário, ao menos politicamente progressista, eram dois dos muitos animadores sinais da chegada dos novos tempos.

Num de seus devaneios a respeito de um eventual Brasil socialista, Carlito ponderou, jocosamente: "Rapaz, quero tanto o socialismo, mas, vagabundo como sou, quando ele chegar serei o primeiro a ir pro paredão".

Brincadeiras à parte, a explosão vermelha que animava a nós, diretamente envolvidos ou apenas devotos da iminente revolução socialista, era também sinal de alerta para as forças conservadoras e reacionárias – aquelas autoproclamadas forças vivas da nação.

No escritório da Bendix Home Appliances do Brasil, as conversas de negócios cediam espaço para comentários a respeito da situação política. Durante uma dessas conversas, quando apenas dois de um grupo de dez defendiam o respeito ao resultado das eleições que conduziram, pela renúncia de Jânio, João Goulart à presidência, Nick Moraes Barros abriu a gaveta de sua mesa e nos mostrou uma metralhadora portátil, ali guardada – prova concretíssima do nível de descontentamento das elites com o populismo janguista.

Isso aconteceu às vésperas do comício de 13 de março de 1964, no Rio de Janeiro, logo depois do regresso do presidente João Goulart da viagem à China maoísta. Logo depois, em 1º de abril, dia consagrado à mentira, os eternos donos da verdade assumiam o poder, depondo Jango e implantando a "Redentora", que prendeu e arrebentou muitos dos nossos amigos.

Iniciavam-se tempos difíceis. A propaganda oficial – tomada aqui no sentido goebelsiano – misturava golpe e patriotismo, catalogando comunista ou subversivo qualquer um que discordasse da nova ordem. Carlito Maia, é claro, recebeu a outorga. E por suas convicções e a intransigente defesa delas em qualquer circunstância, sofreu toda sorte de pressão, inclusive intimação para depor no DOPS, o Departamento de Ordem Política e Social da Secretaria Estadual de Segurança Pública de São Paulo.

Menos identificado com a subversão e com o comunismo, ainda assim perdi meu emprego na Bendix. Foi numa sexta-feira nada santa, dia da semana escolhido pelo sadismo dos chefes de departamento de Recursos Humanos para anunciar demissão de trabalhador e deixar claro que o descanso remunerado é um luxo imerecido. Ao saber da demissão, Carlito Maia me convidou para trabalhar na Magaldi-Maia & Prosperi, já a partir do dia seguinte, sábado, participando de uma reunião de criação na casa do amigo e sócio João Carlos Magaldi.

Minha nova função: contato da agência Magaldi-Maia & Prosperi para atender seu maior cliente, a Bendix Home Appliances do Brasil.

Em muitas outras ocasiões, Carlito revelou-se igualmente abusado. No fim da década de 1970, dois amigos meus, Terezinha e Nilson de Carvalho, residentes em Indaiatuba, cidade do interior de São Paulo, pessoas que conheciam Carlito apenas por leitura das frases antológicas publicadas na *Folha de S.Paulo*, pediram que eu intermediasse um convite para uma palestra no Lions Club daquela cidade. Carlito aceitou. O fato recebeu destaque nos meios de comunicação locais, o auditório do Indaiatuba Clube lotou.

Na abertura da sessão, um diretor do Lions apresentou a cidade ao convidado, destacando o crescimento pelo qual o município passava, decorrente da vizinhança com Campinas, já naquele tempo a maior cidade do interior paulista. Indaiatuba começava a crescer economicamente, tanto pela chegada de novas indústrias como pelo fato de um grande número de executivos que trabalhavam em Campinas ali residirem.

Esse seleto público-consumidor movimentava como nunca o comércio e os serviços da cidade. O tom de voz do discurso do apresentador era uma espécie de "por que nos ufanamos de ser uma cidade grande". E agora, com a palavra, o ilustre convidado Carlito Maia.

"Indaiatuba tem tudo isso, é? Que pena! Achei que fosse uma cidade tranqüila!"

E assim teve início a palestra, com uma saia justa intencionalmente desafiadora, típica de Carlito, típica de quem sabia que, dali a instantes, o mal-estar seria substituído por risos e aplausos, como aconteceu durante quase o tempo todo em que ele contou fatos de sua história, ligados à propaganda e à Rede Globo, onde já trabalhava.

Como não poderia deixar de ser, tanto os comentários a respeito da profissão que o consagrava quanto sobre a empresa que o empregava foram políticos e bem-humorados. Em conseqüência, os aplausos eram mais ou menos entusiasmados, conforme a carga de chumbo fosse dirigida a esta ou aquela questão institucional, como liberdade de pensamento e tortura, entre outras, que Carlito incluía em qualquer oportunidade que lhe dessem para falar. A moderação nos aplausos, sabíamos todos ali, devia-se ao medo da ditadura, medo esse que freqüentava todas as reuniões da época, mesmo as dos clubes de serviço acima de qualquer suspeita.

Por favor, Paribar agora

Engajado em seus ideais políticos, Carlito estava longe de ser o esquerdinha empedernido, o chato, o "PTelho", como ele chamaria mais tarde alguns burocratas do Partido dos Trabalhadores, agremiação política que ajudou a fundar e à qual dedicou boa parte da sua criação intelectual e publicitária. Militante de esquerda convicto, Carlito Maia era igualmente convicto na boemia.

E, como tudo o que fazia, sua boemia era empolgada e mesclada por todas as alegrias e aflições que o ramo de atividade abrange.

No lado ameno e mais freqüente dessa boemia – o da vontade de festejar a vida – eram comuns, por exemplo, celebrações de uma campanha publicitária ainda nem apresentada ao cliente, apenas finalizada pela garotada do estúdio – os arte-finalistas, paste-upistas, montadores de *layout*, enfim, o escalão da parte suada e sem charme da propaganda, posteriormente reduzida a um ou dois operadores de computador, não diferentemente do que ocorreria em quase todas as atividades profissionais.

Ali mesmo, empurrando para um lado vidros de cola de borracha, fita crepe, estiletes, aparas de papel, Carlito acomodava pratos da melhor comida e garrafas da melhor bebida encomendadas ao Paribar, tradicional ponto de encontro de quem trabalhava na região, com suas características mesas e cadeiras ao longo da calçada da praça Dom José Gaspar, atrás da Biblioteca Municipal.

A Magaldi-Maia & Prosperi funcionava dois andares acima do Paribar, até mudar-se para a avenida Paulista e ocupar

21º andar do recém-inaugurado Conjunto Nacional, onde viveria seus melhores e piores momentos como empresa.

Essas ejaculações precoces de alegria, embora estranhas ao negócio da propaganda, tinham um curioso significado, além da oportunidade para "bebemorar". Carlito Maia era apaixonado pelo trabalho criativo. Uma boa campanha era, em si, motivo para celebração, fosse ou não aprovada pelo cliente – mesmo porque muito trabalho era exigido da equipe até uma campanha ser, por ele, considerada satisfatória.

Dissecado o *briefing*, Carlito reunia-se com a dupla de criação – um diretor de arte e um redator – e tinha início um frenético rabiscar de frases, sugerindo caminhos a seguir. Escolhido um, a dupla partia para desenvolver o trabalho. A partir daí, começava outra rotina. Mal a dupla começava a dar formato à proposta, o telefone interno tocava. "Tive uma idéia melhor, o que você acha de..." Era ele, Carlito, com uma sugestão indiscutivelmente mais criativa. Isso acontecia pelo menos meia dúzia de vezes durante cada trabalho.

Apenas duas contingências interrompiam o ciclo de escreve-e-joga-fora, escreve-e-joga-fora textos de datilografados. Eram o prazo de apresentação da campanha e o "Chega, porra!" de Carlos Prosperi – um dos quatro sócios da agência, diretor de arte, mineiro de Guaxupé, cujo biótipo, em momentos assim, deixava bem clara sua frustrada vocação para motorista de caminhão, por ele confessada durante seus desabafos. Não havia coragem intelectual capaz de enfrentar os cem quilos de músculos de Carlos Prosperi.

Explosões de ânimo desse tipo aconteciam com muita freqüência, entre os quatro donos da agência. Algumas vezes, elas chegavam a tal ponto que as reuniões de diretoria terminavam com um estrondoso bate-porta da sala onde estavam e cada um dos sócios saindo para uma direção diferente.

Novato na convivência com eles, em diversas ocasiões pensei que a sociedade se desfaria. Passado um tempo, lá estavam todos os Carlos novamente juntos.

Aliás, a coincidência de serem quatro sócios com o mesmo prenome – Carlos Maia de Souza, João Carlos Magaldi, Carlos Queiroz Telles e Carlos Prosperi – não passou desapercebida pela incurável criatividade do Maia. Inspirado nisso, o endereço telegráfico da agência era C-4. Qualquer palavra, qualquer som, qualquer coisa servia de matéria-prima para Carlito criar.

O feitiço da Vila Buarque

Em foto para campanha publicitária da Nestlé, em 1962, Carlito segura no colo a filha Malu.

Além da enxurrada de idéias, a permanente presença de espírito, algumas vezes manifestada em forma de dardo envenenado, outras vezes em gestos encantadores, era marca registrada da personalidade de Carlito Maia.

À mesa de trabalho, como publicitário, essa criatividade foi, sem dúvida, seu maior trunfo profissional. Batucando com quatro dedos da mão direita no cocuruto da cabeça, ou cutucando com apenas dois dedos o teclado de sua Olivetti Lettera 44, Carlito estava sempre formulando boas e novas idéias.

Nos tempos de agência Norton de Propaganda, na rua General Jardim, na Vila Buarque, uma das idéias produzidas por essa verdadeira máquina de pensar foi certamente das mais inovadoras e grandiosas de que tenho conhecimento.

O conceito de criatividade de Carlito Maia ia além do brilhareco de alguma sacadinha – essa coceira que assanhava e continua assanhando boa parte dos publicitários da área de criação. Carlito entendia criação como a "coragem de ousar", mas entendia também que essa coragem precisava ter como parâmetro um mandamento: a pertinência. Ou seja, a idéia deve ser adequada àquilo que se anuncia. Para ele, Conar e Procon, que ainda nem existiam, eram questão de ética profissional, de auto-exigência.

Pertinência era sinônimo de integridade. E pouca gente foi tão íntegra quanto ele, também na profissão de comunicador.

A agência Norton tinha como um de seus clientes a imobiliária Clineu Rocha, anunciante de peso devido às páginas de classificados que publicava semanalmente. Porém, a alegria que anunciantes como esse proporcionavam ao departamento de mídia e aos donos de agências nem sempre correspondia à satisfação dos mais criativos. A mesmice de "novo", "agora", "aproveite", "venha", "corra", somada à exigência de planta baixa do apartamento, de mapas de localização e de regras da legislação, desestimulavam a criação de qualquer anúncio um pouco mais ousado.

Foram em vão alguns esforços que fizemos com base no exemplo de uma pequena imobiliária londrina, cujos anúncios primavam pela crua honestidade das informações, como "o apartamento recebe pouca insolação, mas por este preço você não encontra nada melhor". É claro que nenhum de nós esperava tanto senso de humor por parte da Clineu Rocha, de Geraldo Alonso, dono da Norton, ou do próprio público tupiniquim. Mas a gente tentava.

Além dos anúncios de rotina, a Clineu Rocha, seguindo sua tradição, solicitou à agência a criação de um cartão de Natal. Passar da criação de anúncios de imóveis para cartão de Natal é, como se dizia na Jundiaí caipira dos velhos tempos, "sair do mato pra cagar na estrada".

Para Carlito Maia, porém, era apenas mais um desafio, que ele resolveu sugerindo um brinde original, o primeiro de que tenho notícia: uma mensagem gravada em disco de vinil compacto. Era uma musiquinha de quase dois minutos, cujo estribilho dizia: "Tão bom/ tão bom/ tão bom/ tão bom/ tão bom que foi o Natal/ ai, quem me dera fosse/ o ano inteiro igual".

O autor e intérprete desse *jingle*-brinde era amigo pessoal de Carlito, compositor e cantor que começava a surgir no cenário musical fora das *happy hours* que não tinham hora no Bar Sem Nome, quitanda do português Agostinho localizada na rua Doutor Vila Nova, perto da Norton. O autor do *jingle* de Natal criado para Clineu Rocha era Chico Buarque.

Dessa amizade nasceu outra iniciativa de Carlito, alguns anos depois, quando Chico Buarque já se tornara estrela de programas musicais da TV Record, de festivais, de shows e de teatro. Carlito Maia sugeriu aos vereadores da Câmara Municipal de São Paulo a mudança do nome Vila Buarque para Vila Chico Buarque, projeto não aceito, evidentemente. Renomado compositor e cantor, Chico Buarque já era também autor censurado.

Além da censura às artes, ao pensamento e à imprensa, vivíamos tempos de reuniões extraordinárias do Conselho de Segurança Nacional – espécie de guilhotina branca da ditadura, usada à luz do dia especialmente contra quem, nos parlamentos, discursasse fora daquilo autorizado pelo Ato Institucional número 5, mais conhecido como AI-5.

O instrumental de degola tanto amansava a oposição quanto garantia maioria parlamentar em todas as representações legislativas, fossem elas municipal, estadual ou federal. A Câmara de Vereadores de São Paulo já tinha maioria arenista. Por sua vez, a rala bancada emedebista não queria perder nenhum membro.

Rápido no gatilho

Em raríssimas ocasiões Carlito Maia perdia uma esgrima, fosse durante brincadeiras entre amigos, fosse na eterna porfia em que se via metido por força do seu jeito de ser. Era como se seu corpo franzino exigisse da presença de espírito uma constante malhação. Entretanto, embora trouxesse sempre à mão uma garrucha com bala na agulha, Carlito não era daquelas pessoas que perdem o amigo para não perder a piada. Mesmo não podendo ser rotulado de derrota, o porém, que sempre existe, aconteceu no dia em que ele foi procurado pela copeira da Magaldi-Maia & Prosperi, a alagoana Valdete, mulher tão atraente quanto a distância que ela impunha aos galanteadores – inclua-se aí o segundo escalão da clientela, geralmente formado por gerentinhos, galãs meia-goma querendo fazer prevalecer a condição de "meu patrão paga, logo, tenho direito". Valdete bateu à porta da sala, pediu licença, sentou-se e disse: "Seu Maia, estou com um problema de despejo e gostaria que o senhor me orientasse".

A reação de Carlito foi imediata: "Antes de mais nada, não saia da casa. Eu não entendo muito desse assunto, mas sei que proprietário nenhum pode ir botando na rua o inquilino, assim, de uma hora para outra. Tenho amigos advogados que vão explicar quais os seus direitos, fique sossegada". E, enquanto pegava o telefone pra contatar algum dos amigos advogados, esbravejou uma seqüência de palavrões para qualificar "esses putos" – referindo-se aos proprietários de imóveis em geral.

Meio sem graça, mas sem perder a postura altiva que fazia parte de seus encantos, Valdete explicou-se: "Seu Maia, acho que o senhor não entendeu. Eu alugo um cômodo no fundo da minha casa para uma pessoa, mas estou querendo tirá-la de lá para acomodar umas coisinhas minhas".

Carlito colocou o fone no apoio, respirou fundo, batucou os dedos da mão direita no cocuruto da cabeça e telegrafou: "Não posso ajudar. E dá licença que tenho um trabalho para terminar".

Mal a copeira saiu, Carlito foi à minha sala, vizinha da sua, e adaptou a coleção dos palavrões à nova destinatária. No dia seguinte, o fato foi relembrado por ele com bom humor. Valdete tinha um saldo de boas atitudes que a absolvia até da cruel condição de locadora.

Já em outra ocasião, num intervalo de almoço, Carlito convidou alguns de nós, funcionários da Magaldi-Maia & Prosperi, para conhecer as futuras instalações da agência no novo endereço, o Conjunto Nacional. Éramos umas dez pessoas, entre as quais a responsável pela parte contábil da agência, mais precisamente por Contas a Pagar – ou Contas a Não Pagar, como o próprio Carlito costumava brincar, nos dias finais da empresa. Era uma mulher miúda, muito magra e absurdamente cheia de problemas que ela mesma fazia questão de confessar a todos, mas especialmente a Carlito, nas raras vezes em que se cruzavam. Sabendo disso, Carlito fugia dela como o diabo da cruz.

Estávamos todos admirando a vista que o 21º andar nos oferecia e cujos horizontes chegavam aos limites das zonas leste e norte da cidade, tão escassos eram os arranha-céus na região da avenida Paulista, quando a sofredora colega de trabalho aproximou-se e, com voz antecedida por um suspiro, disse: "Sabe, seu Maia, sempre que chego a lugares altos assim, sinto vontade de me atirar." Carlito não vacilou: "A senhora está dizendo isso só pra me agradar".

Embora criativa, a frase usada na resposta à funcionária potencialmente suicida não era original. Mas, onde quer que se procurasse por frases famosas, essa providencial muleta à qual recorremos para melhor apoiar o que pensamos ou sentimos, ali estava uma frase de Carlito Maia, muitas vezes ao lado de pensadores que a antologia do pensamento universal consagrou.

Em diversas publicações, inclusive mais tarde na internet, os pensares do mineiro de Lavras apareciam ilustrando textos, epigrafando ensaios ou eram simplesmente citados – sempre acompanhados de unânimes exclamações de admiração.

Entre as milhares de frases que criou e que grafou com suas inseparáveis canetas vermelha e preta, "sonho, logo existo" talvez seja uma das mais autobiográficas. Porque, para um Descartes sonhador, qualquer absurdo pode ser pensado como a coisa mais factível do mundo. E esse era o caso dele.

Além de ser um mar de aventuras, tal jeito de existir funcionava como uma espécie de pára-raios, atraindo outros sonhadores. Em vista disso, um verdadeiro exército de Brancaleone freqüentava a agência Magaldi-Maia & Prosperi e sonhava ao lado de Carlito. Um desses sonhos foi a realização de um filme.

O cineasta Luiz Sérgio Person, já famoso por *São Paulo S/A* e *O caso dos irmãos Naves*, propôs a idéia de se filmar uma aventura cujo trio de heróis seriam Roberto Carlos, Wanderléia e Erasmo Carlos, estrelas do programa Jovem Guarda, idealizado por Carlito e que estava levando a TV Record aos mais altos índices de audiência, durante as tardes até então sonolentas dos domingos.

A história do filme, de cuja criação participaram o próprio Person e o humorista Jô Soares, narrava a conspiração de uma corporação de alfaiates inconformada com o despojamento e o pouco tecido das calças justas e de cintura *saint-tropez* usadas pelo jovem trio e que estavam acabando com a lucratividade das confecções tradicionais, basicamente composta por enormes paletós e calças pregueadas, com bainha.

Além de co-autor, Jô Soares desempenharia o papel de chefe desse sindicato e cérebro da organização, cujos planos incluíam seqüestro e desaparecimento dos ídolos da juventude.

Dando mínima perspectiva de realidade aos sonhos cinematográficos do grupo, havia o estímulo dos filmes de Richard Lester, estrelados pelos Beatles, fazendo sucesso no mundo inteiro. Mais que isso – e até para não parecer que se pretendia simplesmente copiar a idéia – vivia-se o surgimento de uma espécie de "Era da Juventude", marcada pelas revoltas dos jovens contra tudo aquilo feito por quem tinha mais de 30 anos e em quem já não se podia mais confiar.

A época era, portanto, favorável ao consumo de produtos dirigidos ao público jovem. Vale dizer que o sonho desse exército de Brancaleone poderia até se tornar um empreendimento rentável. Poderia.

Enquanto os sócios da Magaldi-Maia & Prosperi e seus parceiros faziam projetos para a realização do filme, a agência era vítima de um golpe de mestre, tramado nos bastidores por seu diretor de finanças, um vilão irresponsável e inconseqüente cujo nome fica fora desta narrativa por ter sido ele perdoado pelas principais vítimas.

"O que adianta mandar um filho-da-puta desses para a cadeia?", argumentou Carlito, durante a reunião em que os sócios decidiram optar pela falência da empresa sem denunciar judicialmente o pai de três crianças que a camaradagem de Carlos Queiroz Telles, Carlos Prosperi, João Carlos Magaldi e Carlos Maia de Souza transformara, de reles contador crediarista das Lojas Clipper, sempre trajando camisa volta-ao-mundo, em diretor financeiro da MM&P e maior freguês do alfaiate que costurava sob medida para os titulares da firma – um freguês, aliás, muito assiduo, sempre estreando ternos a intervalo de tempo três vezes menor que o dos quatro Cs.

Sem perceber a ladroeira, os sócios da MM&P, co-produtores do sonhado filme, bancaram a primeira iniciativa concreta: a compra de película virgem. Rolos e rolos de filme cobriram metade da parede de uma das salas da agência. Com o fracasso do projeto, a muralha de latas passou a ser o muro das xingações, cada vez que Carlito dava de cara com ela. Os palavrões, na verdade, tinham pouco a ver com a frustração de realizar o filme. Eram o canto do cisne da agência golpeada.

Liverpool é aqui

Carlito com o sócio e melhor amigo João Carlos
Magaldi (no centro) e Cyro Del Nero, nos anos 1960,
nos tempos gloriosos da Magaldi-Maia.

O estilo de vida rebelde dos personagens do abortado filme, que nem era muito a verdade da jovem guarda de sucesso na televisão, freqüentava a casa de todos nós, pais de adolescentes. Com Carlito não poderia ser diferente. A primogênita Malu desabrochava sua adolescência desfilando, com competente agitação, o espírito de liberdade, maior herança que o sobrenome lhe deixara, desde os tempos da bisavó América do Brazil Republicano.

Numa terça-feira de alguma semana de 1973, Carlito chegou à agência arrasado. A filha havia saído na sexta-feira à noite para passar o fim de semana com uma amiga e não voltara para casa nem no domingo à noite, conforme combinado, nem na segunda-feira ou naquela terça. As buscas de rotina já haviam sido realizadas e o "não, não temos notícia" foi o mesmo, na casa da amiga, na casa de outras pessoas da turma, na casa de parentes e, felizmente, também no Hospital das Clínicas e no Instituto Médico Legal.

Nada de Malu, nada de pistas. Era tamanho o desespero de Carlito que decidi, com os devidos cuidados que a situação exigia, tentar um consolo – tudo que nos restava fazer. Inspirado na faixa "She's leaving home", de John Lennon e Paul McCartney, do clássico álbum *Sergeant Pepper's Lonely Hearts Club Band* dos Beatles – assunto de nossas conversas até mesmo quando falávamos de trabalho; desde a fotomontagem da capa até os arranjos das músicas, tudo no álbum era fonte de inspiração para quem pretendesse se comunicar com a juventude –, escrevi uma carta baseado na narrativa da letra que conta o desalento dos pais da garota que deixa a sua casa. Entre consolador e dubitativo, dizia ao entristecido amigo se não estaríamos, ele, eu e todos os pais de adolescentes, precisando assimilar realmente o novo mundo dos jovens, por nós teoricamente admirado.

Absolutamente sincero no conteúdo da mensagem, mas sem muita convicção a respeito da iniciativa, não tive coragem de entregar o recado pessoalmente. Enviei por correio. Gato escaldado, em outra situação eu havia passado por um vexame, quando, num momento de fraqueza, escrevi e mostrei a Carlito um pequeno poema, dirigido a uma imaginária confidente que me amava, no qual eu falava da falta de heroísmo na história da minha vida pessoal, enquanto amigos e conhecidos sofriam o horror da perseguição política, do exílio forçado, da prisão e da tortura. Chamava-se ode a alguma coisa de que não me recordo. Carlito leu e corrigiu o título: "Ode para ser odiada". Era preciso ser assunto muito sério para ser falado com seriedade por ele.

Dois dias depois da carta consoladora postada no correio, Carlito, ainda muito combalido, simplesmente agradeceu a manifestação de solidariedade, sem mais comentários, o que demonstrava a ineficácia da minha iniciativa. Eficaz mesmo foi o reaparecimento de Malu, incólume, antes do fim da semana de buscas. Eu jamais soube do destino da fujona, mas a calma trazida pelo seu retorno era tudo quanto todos queríamos.

Passado um ano desse fato, meu segundo filho, Cássio, dois anos mais novo que Malu, saiu de Jundiaí com o irmão Ivan, como faziam todos os dias para estudar no Colégio Objetivo da capital, e não voltou. Ivan sabia apenas que, depois da aula, ele faria um programa com amigos e chegaria à noitinha. Não chegou.

A preocupação, o desespero, tudo parecia muito semelhante àquilo por que eu vira Carlito passar. Fiz, igualmente, as buscas básicas, também sem êxito. Consegui apenas descobrir que Cássio desaparecera da escola acompanhado por outro garoto, colega de classe. Em contato com a família do parceiro de fuga, fiquei sabendo que o rapaz havia comentado, dias antes, a respeito de viajar para "conhecer a vida". Na época, as praias do Nordeste eram a escola preferida.

Na manhã seguinte, já em São Paulo, me socorri de Carlito, fomos até a Secretaria Estadual de Segurança Pública, onde trabalhava um conhecido seu que nos encaminhou a um oficial de plantão. Respondi a um questionário genérico e saímos dali com a promessa de que seria feito o possível, ou seja, sem nada de concreto.

Percebendo-me decepcionado com a burocracia e com a impessoalidade do tratamento, Carlito valeu-se de seu bom relacionamento com jornalistas da Rede Globo de São Paulo e conseguiu que dados pessoais e foto do desaparecido fossem passados às afiliadas da emissora, principalmente no Nordeste, onde havia esperança de ser o destino dos rapazes.

Restava apenas aguardar. Num dos intervalos dessa espera, que durou quinze dias, passados de fato na Bahia, recebi pelo correio, sem nenhum comentário, uma cópia da carta que eu havia enviado ao Carlito um ano antes. "She's leaving home..."

Apetite por viver

Na Jundiaí de onde eu vinha, boa parte da população mais antiga conhecia-se a ponto de o cruzar-se nas ruas ser uma interminável sucessão de bom-dia, boa-tarde e boa-noite. Lá, você era alguém chamado pelo próprio nome, ou o filho de alguém conhecido.

São Paulo era outro mundo, um pouco assustador para caipiras como eu, embora, ao mesmo tempo, protetor dos fracos, pelo anonimato que conferia a todos. Era um igualar por baixo – geralmente desagradável aos elitistas por consagrar o homem comum –, com as vantagens e desvantagens do fenômeno. Assim sendo, no vai-e-vem das ruas da Paulicéia todo o mundo era apenas mais um. Quase todo o mundo. Impressionava-me como Carlito Maia era aquilo que a caipirada chamava de "figurinha fácil".

Como o escritório da Magaldi-Maia & Prosperi ficava na praça Dom José Gaspar e muitos bons restaurantes e bares, além do Pare Bar, localizavam-se nesse miolo da cidade, costumávamos seguir a pé para almoços e *happy hours*. Os restaurantes Paddock, Giovanni ("Il vero"), Baiuca, Gigetto e alguns menores situados na Galeria Metrópole eram endereços rotineiramente freqüentados por nós.

Fosse simplesmente atravessando a rua para ir ao Paddock ou caminhando pela Boca do Luxo, na Vila Buarque, até chegar ao Giovanni, na rua General Jardim, Carlito era cumprimentado ou chamado para conversar por pelo menos meia dúzia de pessoas – de publicitários e jornalistas a engraxates e vendedores de bilhete da loteria federal.

Além da audiência surpreendente, o bom humor era outra constante desses contatos. Carlito parecia efervescer quando circulava pela metrópole, seu *habitat*. Piadas, sacadas espirituosas e algumas molecagens faziam parte do antepasto. Fui testemunha de algumas situações dignas de registro. De outras, fiquei sabendo por ouvir o próprio Carlito contar.

Acontecia, em relação a Carlito Maia, aquilo que é próprio dos mitos: a dúvida a respeito do que existiu, de real ou de imaginado, envolvendo personagem tão encantador e episódios tão insólitos. A mim, particularmente, pouco importava. O fato de eu ter convivido seis anos, diariamente, e mais o dobro disso em permanente contato com ele, fez de mim testemunha confiável e assim devem ser entendidas as lembranças dos momentos vividos ou referidos.

As contestações eventualmente geradas pela narrativa de situações inéditas ou versões de fatos conhecidos ficavam por conta da mitologia, jamais devendo ser contabilizadas na coluna da presunção de apóstolo – orgulho e vaidade comuns a muitas pessoas que conviviam com Carlito Maia.

Contou-me Carlito que, certa vez, pouco antes de meio-dia, vindo do escritório de um cliente para a agência, cruzou com um entregador de roupas de uma lavanderia. Caminhando apressadíssimo, o rapaz trazia ao ombro uma espécie de varal de madeira, com jaquetas dependuradas, recobertas por um plástico translúcido.

Ao reconhecer que eram jaquetas dos garçons do restaurante Paddock, Carlito aproximou-se do entregador: "Foi bom eu te encontrar, rapaz. Você está indo ao Paddock? O restaurante não vai abrir hoje. Faleceu o pai de um dos donos. Por favor, volte amanhã. Muito obrigado". E deu uma gorjeta ao entregador, que fez meia-volta e se foi.

Logo em seguida, na hora do almoço, Carlito foi ao restaurante, célebre pelo atendimento irretocável aos clientes, assistir ao pânico e aos pedidos de desculpas dos garçons pelo transtorno de ainda estarem sem jaquetas "devido a um atraso na entrega da lavanderia".

Em relação a outro publicitario, Alex Periscinotto, contou-me Carlito que, logo depois de Alcântara Machado, agência comandada por Periscinotto, ter conquistado a conta da Volkswagen, ele, Carlito, publicou um anúncio classificado, em alemão, dizendo que uma empresa estava dando emprego a quem falasse o idioma fluentemente, bastando ligar para tal telefone e falar com Alex Periscinotto. Ao que me consta, o publicitário mal falava ou nem falava alemão e sofreu, durante dias, o assédio telefônico de candidatos ao emprego inventado por Carlito.

Sempre que narrava suas traquinagens, Carlito as relacionava com o filme de Dino Risi, *Il Sorpasso* (Aquele que sabe viver), cuja história, vivida pelo talentoso Vittorio Gasmann a bordo de uma Ferrari na Itália do pós-guerra, o fascinava. No filme, o personagem envolve-se em situações muito semelhantes àquelas vividas por Carlito. No caso, a arte imitou a vida. O irrequieto personagem de Lavras já fazia suas ultrapassagens bem antes de o filme italiano ser rodado.

Il sorpasso

Não ultrapassar os limites do saldo na conta bancária era preocupação constante do Carlito *bon vivant*, sempre disposto a assumir o patrocínio da festa, para que houvesse festa. No dia seguinte, era comum vê-lo usando suas canetas bicolores para saber a quantas andava o saldo bancário – conta de diminuir sempre deixada para a hora de emissão do próximo cheque. Em duas ocasiões esse drama adquiriu cores tenebrosas.

Numa delas, ruborizado pelo saldo negativo, Carlito desceu os vinte e um andares do bloco onde funcionava a MM&P e, no piso térreo do Conjunto Nacional, foi à agência de um banco, que usava em sua propaganda o slogan "Um amigo sempre por perto". Saiu do banco vermelho de raiva por não ter conseguido o empréstimo. Passou disparado pelos corredores da agência, foi direto à sua sala e, depois de alguns segundos de tec-tec-tec da Olivetti, lá estava ele, diante de nós, lendo em voz alta a carta ao gerente do banco. "Quem tem um amigo desses por perto não precisa de inimigos", era esse o teor do recado.

Um gastador como ele jamais gostou de cartão de crédito, hábito ainda pouco comum e perfeitamente dispensável na época. Sabendo que a facilidade de gastar por essa via trazia para mais perto a beira do abismo, Carlito evitava a tentação. Porém, nos nossos tempos de Norton Propaganda, quando a MM&P já havia falido, o dono da agência, Geraldo Alonso, amigo outras vezes presente em horas mais necessitadas, deu-lhe um cartão de crédito do Bradesco, tradicional cliente da Norton, notabilizado como anunciante de última capa de todas as edições da revista *O Cruzeiro*, líder de vendagem, cujos preços por centímetro de coluna eram altíssimos e garantiam o bom humor de Alonso, de janeiro a dezembro. Em vista da importância do cliente, era recomendável que as pessoas de destaque da Norton fossem, reciprocamente, clientes do banco. Além do mais, cartão de crédito era um produto que dava *status* a seu usuário.

Fazia pouco tempo que Carlito vivia essa condição de usuário de cartão de crédito quando, ao entrar na sua sala, o surpreendi num sobe-e-desce de movimentos com as mãos, partindo ao meio o cartão de plástico rígido. Palavrões enchiam o ambiente, acompanhando o esquartejamento. Nessas horas, bem procedia quem não tentasse interferir nem querer saber as razões das explosões.

Aguardei em silêncio que o cartão fosse reduzido a metades de metades e atirado vigorosamente no cesto, acompanhado de um último "filho-da-puta". Só então descobri as razões. No mês anterior, na data de aniversário de sua mulher, ao passar pela praça da República, confluência com a avenida São Luiz, onde havia uma portentosa loja da joalheria H. Stern, Carlito viu, na vitrine, um cintilante anel de brilhante a piscar, solitário, para seu sentimentalismo.

Não titubeou, sacou do cartão de crédito e presenteou a mãe de seus filhos com um mimo, cujo valor correspondia a seu salário mensal. "Maldito cartão", resmungou pela última vez, antes de jurar que nunca mais utilizaria "uma merda dessas".

Posando em plena avenida Paulista, na década de 1980: "Amo São Paulo com todo o meu ódio".

O ambiente de trabalho na Magaldi-Maia & Prosperi beirava o surreal. A sensação que se tinha era a de que, no fim do mês, alguém viria cobrar mensalidade, tal o clima de clube recreativo dentro da agência comandada pelo mais estapafúrdio quarteto de patrões.

Carlos Queiroz Telles tinha um pé no chão da agência e o restante do corpo no teatro e na literatura, por onde gravitava seu espírito.

João Carlos Magaldi jogava nas onze posições. Além de conhecer todos os macetes da propaganda – de criação a negócios, de mídia a relações públicas –, Magaldi inventava. Dava arrepios ver e ouvir tudo quanto ele oferecia aos clientes na hora de fechar negócio. E dava cansaço ver o que ele fazia e nos mandava fazer para cumprir o prometido, que, a partir da promessa, era uma questão de compromisso, mesmo se isso resultasse em corre-corre para a Ivonne Pacheco, braço direito do quarteto, ou na redução dos ganhos da empresa – o que acontecia quase sempre.

Carlos Prosperi era fanático pela comunicação visual. Para ele, título com poucas palavras era melhor não apenas por ser entendido mais facilmente, mas porque deixava o anúncio mais bonito, com mais espaço em branco. E um texto era bom desde que pudesse ser emblocado, sem palavra ou trecho de linhas órfãs.

Como a televisão era um meio ainda sem muitos recursos técnicos e sem redes nacionais, a mídia impressa, de alcance nacional, consumia a parte mais significativa das verbas. E era mesmo nesse meio que as agências mostravam-se criativas. Era também aí o reino do quarto sócio, Carlos Maia de Souza, um ousado criador de texto publicitário, tanto pela abordagem, jamais óbvia, quanto pela forma coloquial das mensagens.

Os "novo", "agora no Brasil", eram odiados por ele. Os "após", "em prol" e formulações do gênero eram abominados. "A não ser advogado e comentarista de futebol, ninguém fala 'após' ou 'em prol'", costumava dizer, cada vez que encontrava essas expressões em um texto.

Apesar de contratado para trabalhar como contato entre a agência e a Bendix, seu maior cliente, eu era muitas vezes solicitado para participar desse trabalho criativo. Com o passar de alguns meses, Carlito percebeu meu interesse por criação e me ofereceu a função de redator. Além do charme que fazia parte do trabalho dos criativos, a nova função me oferecia a oportunidade de acompanhar, mais de perto, a esgrima de Carlito com desafios, como tornar interessante uma informação sobre serviços prestados pela Savena, um dos primeiros revendedores da Volkswagen em São Paulo e um dos primeiros clientes da Magaldi-Maia & Prosperi – serviços esses absolutamente os mesmos oferecidos por todas as concessionárias da montadora.

Não havia computadores nas salas de trabalho. O trabalho de redação era redigido em máquina de escrever. Carlito Maia, autodidata também em datilografia, escrevia utilizando apenas os dois dedos indicadores, mas era muito rápido. Eu, além de jamais haver criado um anúncio, também jamais havia escrito à máquina. Começava aí meu temor em trabalhar a quatro mãos com ele.

Quando apresentei meu primeiro texto para sua avaliação, assisti à mais radical das cirurgias, realizada pelo mais competente cortador de blablablás da história da propaganda. De caneta em punho, Carlito cortou fora o primeiro terço do texto, deixou o segundo e cortou os parágrafos restantes. E justificou:

> Até aqui, você fez uma espécie de prefácio. E lá no trecho final, fez um "acabamos de ouvir" desnecessário. O que precisa ser dito está aqui, no meio. Em mídia impressa, espaço é dinheiro.

Essa capacidade de síntese, de compactar uma idéia, gerou – entre outras formulações geniais – o "oPTei", palavra de ordem criada por ele para a campanha do Partido dos Trabalhadores em busca do primeiro voto dos jovens na década de 1980.

Como fazia Carlito, durante algum tempo exerci, sem a mesma eficácia, a função dupla de contato e redator da conta das lavadoras Bendix. Esse procedimento não era muito comum – fosse por exigir talentos e conhecimentos variados, fosse porque a atividade publicitária estivesse saindo da fase heróica, em que os donos faziam de tudo, para tornar-se mais departamentada, mesmo nas agências brasileiras, a maioria delas pequenas empresas se comparadas às internacionais, donas das grandes verbas. Começava a ficar fora de moda tocar sete instrumentos, como faziam os pioneiros.

A duplicidade das minhas funções durou até o dia em que ocorreu um desentendimento entre o cliente e a agência. Por algum motivo, o gerente do departamento de propaganda da Bendix telefonou, pedindo a urgente presença da agência em seu escritório. A Magaldi-Maia & Prosperi já funcionava no Conjunto Nacional. Ir ao escritório da Bendix era uma questão de entrar e sair de elevadores. Atendi imediatamente ao chamado e me apresentei à secretária do gerente, uma garota com quem eu havia trabalhado até pouco tempo antes de ser demitido. A secretária informou-me que o gerente somente falaria com algum dos donos da agência e mais ninguém.

A atitude me surpreendeu, afinal durante alguns anos eu havia sido, também, parceiro de trabalho desse gerente impertinente. Voltei ao escritório da agência, catamilhei uma carta de demissão e entreguei ao Carlito, enquanto contava o sucedido. Carlito batucou os dedos na cabeça, pensou durante alguns segundos e sacou o telefone do gancho.

Me liga com a Bendix. (pausa) Alô! Posso saber por que você não recebeu o Erazê? (pausa) Pois então você não vai receber mais ninguém. Onde funcionário da Magaldi-Maia & Prosperi não pode entrar, eu não quero entrar.

E bateu o telefone.

A maior verba da agência estava sendo atirada pela janela do 21º andar do Conjunto Nacional, num gesto de solidariedade do patrão a seu empregado. As coisas se acertaram mais tarde graças à entrada em cena de João Carlos Magaldi. Sabe-se lá o que Magaldi inventou, mas a situação foi resolvida.

Apesar de tudo

Os desacertos com a Bendix iam além da impertinência do gerente. O arrocho na economia do país, a preferência de anunciantes multinacionais por agências que atendiam internacionalmente suas contas e outras preliminares da globalização – que já engatinhava, apoiada pelas mãos delicadas dos ministros da área econômica, Roberto Campos e Delfim Netto, eram docilmente acatadas pelos governos de pulso forte – condenavam à míngua as pequenas agências. Some-se a isso o assalto do diretor de finanças aos cofres da MM&P e já se pode entender a corda bamba sobre a qual a pequena empresa se equilibrava. Daí ao tombo final foi um passo.

O encerramento das atividades da Magaldi-Maia & Prosperi provocou um grande abalo na vida de Carlito Maia. Ruía, com a empresa, um mundo de suportes nos quais ele se apoiava, financeira e emocionalmente. O apoio financeiro nem era assim tão substancial, pois a MM&P nunca viveu esplendores de faturamento. Entretanto, livrava Carlito da difícil situação de relacionar-se com um patrão, ainda que não houvesse, nessa dificuldade, nenhuma conotação ideológica de luta de classes, de exploração do trabalho, de mais-valia ou outro versículo qualquer da pregação extremista da época.

O discurso político, parte vital do seu ser social, não fazia parte das terapias que seu espírito necessitava, como necessitavam e ainda hoje necessitam alguns sacerdotes da Esquerda canhestra. Carlito não era socialista para exorcizar nenhum demônio que a sociedade capitalista impunha a ele, pessoalmente, mas à sociedade.

Em outras palavras, Carlito não era um fariseu, era um aflito. Sua sensibilidade o fazia absorver tudo quanto abalava a liberdade de todos. No caso dele – e como tudo nele – essa convicção continha componentes que beiravam o absurdo e eram contraditórios ou difíceis de serem entendidos por quem, como a maioria de nós, vive em função de um catálogo de procedimentos, normalmente apoiado em conveniências.

"Não cobre coerência de mim", disse-me Carlito no dia em que fui buscá-lo num pequeno bar situado no mezanino da galeria Metrópole, e tentei criticar o pilequinho fora de hora. Menos embriagado do que sem dinheiro para a despesa, ele havia telefonado para a PA Nascimento, onde trabalhávamos, pedindo meu socorro. Eram três horas da tarde de um dia de fevereiro, mês de férias, de espírito pré-carnavalesco, mas de expediente normal onde se trabalhava.

Que outros profissionais, além de João Carlos Magaldi, Carlos Queiroz Telles e Carlos Prosperi absorveriam uma atitude dessas sem outros abalos além de esbravejarem veementemente, de baterem portas e de irem cada um para uma direção, como se a sociedade fosse se desfazer?

Esse espírito de confraria existente na MM&P era o principal dos suportes psicológicos de que Carlito necessitava e de que se ressentiu, fechada a agência. A tolerância teve limites bem mais estreitos nas demais agências onde trabalhou. Os sucessivos pileques acabaram custando-lhe a demissão da PA Nascimento.

A respeito de demissões atribuídas ao alcoolismo, Carlito costumava ponderar: "Me mandam embora só porque eu encho a cara na hora do expediente. Desde quando encher a cara tem hora?".

Quitada a conta do bar e antes de voltarmos para a avenida Vieira de Carvalho, onde funcionava a PA, demos uma caminhada pelas redondezas e acabamos passando por uma loja de discos. Um casal de turistas norte-americanos ouvia LPs de sambas-enredo. Carlito parou ao lado deles, ouviu por alguns segundos a música que estava sendo tocada e perguntou ao bem nutrido irmão do norte se ele gostava de música brasileira. Depois do assentimento do interlocutor, Carlito chamou o balconista e mandou substituir a seleta carnavalesca por "Apesar de você", de Chico Buarque, música que seria censurada e recolhida em seguida pela polícia dos generais no poder. Foi tarefa difícil convencer Carlito a voltar à agência, interrompendo o pequeno carnaval que ele fazia na loja de discos, cantarolando ao som de Chico, apontando o indicador para o casal e formulando, no plural, a estrofe-título da música: "Apesar de vocês, amanhã há de ser outro dia...".

A PA Nascimento foi uma das últimas agências onde Carlito conseguiu emprego. Mesmo sabendo que contar com ele na criação seria um poderoso reforço para qualquer equipe, era difícil administrar o espírito indomável do franzino homem de comunicação, cada vez mais enfraquecido fisicamente pela bebida e pelo cigarro, cada vez mais necessitado de socorro médico.

Ele escreveria no prefácio de seu livro *Vale o escrito*, publicado em 1992:

Magro, raquítico mesmo, não sei onde fui buscar energias para a dura tarefa de poder dizer das coisas que sinto, pois pensar não é meu forte... Sou um fracasso bem-sucedido, venci na vida – perdendo. Sorte demais, um rabo tamanho-família.

Voluntárias ou sob ameaças feitas por médicos e amigos, somaram-se algumas dezenas as internações para tratamento do alcoolismo. Numa delas, exatamente na época das vacas magras, Carlito recorreu ao Hospital das Clínicas, valendo-se da gratuidade do tratamento. Por coincidência, internou-se no dia em que Chico Buarque faria um show em São Paulo. Ao saber da internação, o que impediria Carlito de ir, conforme o combinado, Chico ligou e prometeu que lhe faria uma visita antes de voltar ao Rio de Janeiro.

No estágio em que o mal se encontrava, a ingestão de antidepressivos fazia parte do tratamento de Carlito. Em vista disso, ele informou ao plantonista que o medicava a provável visita de Chico Buarque e pediu que, independentemente de onde e em que estado estivesse, fosse avisado da chegada do cantor.

O plantonista Eugênio Ferrari, médico-residente empenhado em colocar em prática os conhecimentos recebidos nas aulas teóricas, não teve como não pensar que se tratava de algum delírio do paciente, para ele apenas um desconhecido cujo quadro clínico beirava um delírio patológico.

Altas horas da madrugada, Ferrari foi chamado à recepção da clínica para ajudar a resolver um dilema diante do qual se encontrava o confuso recepcionista do hospital: deixar ou não deixar entrar, àquela hora, nada mais nada menos que Chico Buarque, de quem ele, o recepcionista, era admirador e a quem jamais dificultaria qualquer solicitação, tamanha a honra que lhe cabia.

Chico havia terminado o show, dado a esticada normal com os amigos e ido visitar Carlito Maia num horário absolutamente impróprio. O ilustre visitante entendeu as razões colocadas pelo médico plantonista e se foi. No dia seguinte, nem todas as explicações nem o recado deixado por Chico, por escrito, acalmaram a bronca do internado. Apenas recurso do *dopping* resolveu a questão.

O fato é que Carlito saía de uma internação pronto para a seguinte, até o dia em que decidiu parar de beber. A partir de então, para festejar cada ano de abstinência, enviava bilhetes aos amigos, anotando os dias desse calvário bravamente enfrentado. Antes de abandonar o vício, porém, amargou momentos difíceis, desempregado ou trabalhando até um pileque mais prolongado tornar impossível a manutenção do emprego.

Ainda assim, encontrava fôlego para gestos em que a consideração por amigos superava os cuidados consigo mesmo.

Logo depois de fechada sua agência, Carlito cruzou com Paulo Arthur Nascimento num restaurante. A agência de Nascimento havia acabado de conquistar a conta dos caminhões Chrysler. Carlito trabalhava na Norton, para onde havia levado alguns companheiros da falida Magaldi-Maia & Prosperi, inclusive eu. Sabendo que, devido ao alcoolismo, sua situação na agência de Geraldo Alonso não era muito estável e que sua saída levaria, na garupa, os amigos da MM&P, Carlito aproximou-se de Paulo Nascimento, cumprimentou-o pelo novo cliente e atacou:

> Manter um cliente desses não é tarefa fácil, você sabe melhor do que eu como anda a disputa por contas internacionais. Você vai precisar de mais gente. Eu conheço a pessoa certa pra te ajudar.

E me indicou como sendo o patuá contra o mau-olhado da concorrência, mesmo sabendo que minha experiência com clientes da indústria automobilística só não era zero porque eu trabalhara na criação dos modestos anúncios da Savena.

Naquela mesma tarde fui chamado para uma entrevista com Paulo Nascimento, sabendo a barra que enfrentaria em conseqüência dos termos da indicação. O aval de Carlito Maia, porém, facilitou a entrevista, fui contratado imediatamente. Pouco tempo depois, Carlito demitiu-se da Norton.

Por razões que, honestamente, independeram da minha competência, a PA Nascimento acabou perdendo a conta da Chrysler para um concorrente multinacional. Mas, antes que isso acontecesse, eu havia criado uma campanha para outro grande anunciante, a Coperçúcar, fabricante do açúcar União, pela qual a PA recebeu o Prêmio Colunistas, um dos mais badalados da época, conferido ao melhor *outdoor* do ano.

Ao contrário do prometido a Paulo Nascimento, Carlito é que, mais uma vez, funcionava como patuá dos amigos. Em compensação, a posição assegurada por meu trabalho na conta do açúcar União me permitiu ser um dos avalistas, consultados por Paulo Nascimento, na hora de contratar Carlito Maia logo depois de ele sair da Norton, intempestivamente.

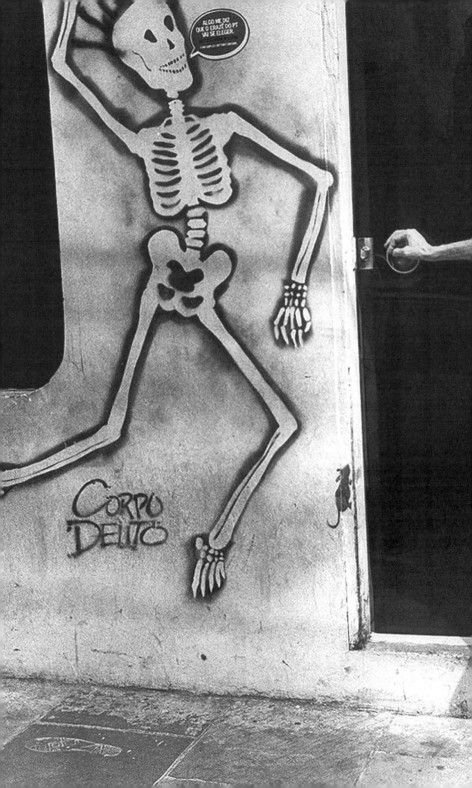

Amigos, amigos, negócios à risca

Em seu escritório da Rede Globo, na rua Haddock Lobo, nos anos 1980. No balão que indica a fala do esqueleto, menção de apoio à candidatura de Erazê Martinho à Câmara Municipal de Jundiaí.

Mesmo a imponderabilidade de Carlito Maia obedecia ao código de ética de sua vida pessoal e profissional. Enquanto trabalhou na Norton, vivia duelando valores com Geraldo Alonso, calejado homem de negócios, emérito conhecedor das selvagerias e das complacências que compõem o cipoal da *business jungle*. Certo dia, para celebrar a conquista da conta da Mesbla, poderoso grupo francês do setor de modas e anunciante de porte, a Norton ofereceu um almoço aos *monsieurs* vindos da França especialmente para bater o martelo contratual.

O almoço ocorreu na sede da agência, supervisionado pelo próprio Geraldo Alonso, também notório *gourmet*. No entusiasmo do brinde final, Alonso estourou o champanhe, dizendo tratar-se de uma garrafa especialíssima, guardada por ele desde quando fundara sua empresa, muitos anos antes, já sonhando com o dia em que a Mesbla encabeçaria a lista de seus clientes. Um inacreditável exagero retórico, típico de Geraldo Alonso, que acabou sendo aceito ou tolerado por todos os presentes. Ou quase todos.

Terminado o almoço, Carlito foi à sala de Alonso, condenou veementemente o exagero, lembrando a Geraldo Alonso que coisas assim serviam apenas para reforçar o anedotário envolvendo o insólito empresário, e pediu demissão.

Era verdadeiro o mal-estar causado pela bajulação de Alonso aos executivos da Mesbla e de outras organizações européias, com os quais a sensibilidade de Carlito Maia melhor se afinava, em contraposição ao que acontecia no relacionamento com boa parte dos *robocops* programados para gerenciar empresas norte-americanas.

Era legítimo, também, seu aborrecimento contra os comentários que caricaturavam Geraldo Alonso. Mas a decisão de demitir-se quando as novas oportunidades de trabalho se tornavam mais e mais raras era sintomática do alcoolismo que o vitimava.

Consciente disso, Carlito costumava comentar que metade dos demônios que o afligiam era conseqüência das homéricas ressacas provocadas pelos excessos com o álcool e o tabaco. Mas conscientemente continuava bebendo e fumando.

"Enquanto o destino me conceder, continuarei fumando", dizia João Villaret declamando Fernando Pessoa no disco que ganhei de Carlito numa de nossas andanças pelo centro velho da cidade. "Tabacaria" era um de seus poemas de cabeceira e não exageraria quem encontrasse coincidências quase biográficas entre as aflições de Carlito e os versos declamados por Villaret.

Nesse dia, porém, Carlito encarnava figura bem menos depressiva do que Álvaro de Campos, heterônimo de Fernando Pessoa. Estava alegre e bem disposto. Ao sairmos da loja, onde comprara o disco, um vendedor aproximou-se e nos ofereceu a sorte grande para ser escolhida numa cascata de bilhetes presos por um prendedor de metal. "Você tem o 139?", perguntou Carlito. O homem não tinha, não houve negócio. "Por que o 139?", questionei. Carlito explicou-me que, havia muitos anos, comprara esse bilhete, oferecido por uma senhora muito idosa e muito pobre no Viaduto do Chá. Era uma manhã em que ele saía de uma jogatina de baralho em que perdera quase todo o dinheiro recebido na véspera como salário, nos tempos em que era representante comercial das caixinhas de fósforo feitas de papelão.

O número 139 era a marca do baralho da Copag, responsável pela quebradeira. E, coincidentemente, era a centena dos últimos pedaços do bilhete do coelho, oferecido pela velhinha, com o argumento de ser "um bicho que não dá faz tempo".

Mais comovido pela figura da triste senhora do que confiante na roda da sorte, Carlito juntou os trocados que restavam em seu bolso e arrematou a sobra dos bilhetes. Deu coelho na cabeça. Foram alguns milhares de cruzeiros, com os quais saldou mensalidades atrasadas da pensão onde morava e renovou seu guarda-roupa, não sem antes voltar ao Viaduto do Chá, reencontrar a boa fada e presenteá-la com uma polpuda parte do dinheiro ganho – pequena fortuna que a velhinha custou a aceitar por achar que o freguês casual, visivelmente embriagado, havia enlouquecido.

"Nunca me arrependi da gorjeta, mas fico imaginando o bem que aquele dinheirinho me faria hoje", comentou Carlito. Ele estava à beira da inadimplência por falta de pagamento das prestações de uma casa adquirida ao BNH, instituição governamental cuja propaganda enganosa somente perdia para a dos esplendores da ilha da fantasia, cantada pela dupla Dom e Ravel, arcanjos do milagre brasileiro.

Um incauto sonhador da casa própria emprestava xis, para pagar em até quinze anos, mas a dívida crescia mensalmente em progressão geométrica, alimentada por novas legislações cada vez mais marcadas pela agiotagem oficial. A situação chegava a ponto de a metade dos compradores estarem entregando os imóveis adquiridos e não saldados por culpa exclusiva do governo arrochador de salários e vassalo dos interesses das grandes empreiteiras de obras.

No caso de Carlito, um anjo amigo o salvou da pesada dívida com a Caixa Econômica Federal. Ao saber das dificuldades por que passava seu intempestivo ex-funcionário, Geraldo Alonso, pretextando um empréstimo, ajudou a quitar a conta e se negou a receber o dinheiro de volta.

Carlito fazia questão de incluir esse episódio na saga do amigo cada vez que alguém contasse uma anedota envolvendo Geraldo Alonso.

De olho no olho da rua

Sucesso, no negócio da propaganda, era comum a quase todos os pioneiros da atividade, entre os quais se destacava Geraldo Alonso. Carlito Maia, mais novo na profissão, mas ainda assim contemporâneo da maioria deles, fazia parte da pouco honrosa exceção – os que não possuíam casa própria e muito menos carrões importados e outros desbundes ostentados pela casta.

Ainda assim, um profissional do seu nível ganhava bem. Por isso, sempre que podia, Carlito buscava aproveitar alguns luxos ou excentricidades em moda. Viajar de navio nos fins de semana, num rápido cruzeiro entre São Paulo e Rio de Janeiro, era um requinte apreciado por ele e gozado na companhia dos filhos.

Na volta dessas viagens, Carlito trazia rolos e rolos de filme, documentando a festa da criançada a bordo do navio e na areia das praias cariocas. Mas a alegria de nos mostrar os registros dos melhores lances das viagens acabava logo nas primeiras fotos, exibidas aos olhares viciados na avaliação da qualidade de imagens.

Em todas as fotos seus filhos apareciam com cabeças enormemente desproporcionais. Carlito fazia as fotos da criançada sem se dar ao trabalho de flexionar as pernas para melhor enquadrar a imagem. Vistos assim do alto, Malu, Maurício e Marquito, parceiros mais freqüentes nos passeios de fim de semana, eram a profecia anunciadora dos ETs, consagrados em filmes de ficção nos anos por vir.

O sócio Carlos Prosperi, severo avaliador de fotos feitas por grandes estúdios, era quem mais aguardava a hora da exposição e tinha ataques de riso que reduziam a zero a empolgação do retratista de meia-tigela.

A vingança de Carlito Maia acontecia nas revisões finais dos materiais a serem apresentados aos clientes ou a serem publicados. Nada escapava a seus olhos de lince, ainda que a *letrasset* colada erradamente fizesse apenas parte de um *lay-out*. Esse rigor custava a Carlito o trabalho extra de re-revisar tudo quanto saía da agência. Ou quase tudo.

Num corre-corre às vésperas da abertura de uma UD, quando a feira de utilidades domésticas acontecia nos pavilhões do Parque Ibirapuera, era aberta ao público e da qual participaria o cliente Mobília Contemporânea, famoso por sua linha de móveis inspirados pelas modernas escolas alemãs de *design*, Carlito estava ocupado demais para fazer a última revisão de um folhetinho, que seria distribuído no estande do fabricante de móveis.

Na condição de autor do texto, fui encarregado da revisão. Os originais revisados seguiram para a gráfica e seriam entregues poucas horas antes da inauguração da feira. Houve um pequeno atraso na gráfica e o material chegou à agência, na avenida Paulista, quando a banda da Polícia Militar de São Paulo já tocava um dobrado e o governador cortava a fita que desencadearia a avalanche de visitantes, lá no Parque Ibirapuera.

Pacotes e mais pacotes, contendo os milhares de folhetinhos, foram carregados às pressas até a garagem do Conjunto Nacional e estavam sendo ajeitados no carro de Carlos Prosperi, quando apareceu Carlito empunhando um exemplar do material, em cujo título, logo na capa, uma palavra saltava aos olhos sem uma de suas letras.

O material foi levado de volta ao 21º andar, enviado à gráfica para ser reimpresso e só pôde ser entregue no dia seguinte, depois de inaugurada a feira. Esse indesculpável lapso não me custou o emprego, mas quando avistei, da janela da sala do 21º andar, o carro do Prosperi saindo em direção ao Ibirapuera, sem os impressos, me lembrei da magérrima chefe de Contas a Pagar e me contive para não contar a Carlito minha vontade de saltar dali, só para agradá-lo.

Vestindo todas as camisas

Homenagem a Carlito durante a campanha Lula Presidente (1993). Na foto, Lula, Tereza Rodrigues, Carlito e Sergio Mamberti.

A frase "Faço tudo o que você quiser, se eu quiser" era bem a face irreverente de Carlito Maia. Mas agradar a quem gostava, especialmente a quem estivesse fazendo do dia-a-dia ou do afazer profissional alguma forma de engajamento na luta pelos ideais de liberdade, era tarefa para a qual Carlito estava sempre disposto. Seus bilhetes, telefonemas ou cartões chegavam sempre na melhor hora, apoiando os amigos com mensagens carinhosas. Entretanto, sua condição profissional, fruto das demissões e da repercussão delas no meio da propaganda, muitas vezes o impediam de manifestar esse amor na extensão desejada. Até o dia em que a Rede Globo de Televisão o contratou.

A partir de então, a máquina de criar tinha um sólido tripé sobre o qual se instalar: tempo, orçamento e *status*. De outra parte, a Globo recebia um tipo de assessoria capaz de inserir a Vênus Platinada na galeria de um mecenato que iria além das meritórias recuperações de logradouros históricos e da revolucionária contribuição à educação por meio dos cursos supletivos – o que já era muito. Graças a Carlito Maia, a emissora de

Roberto Marinho obteria a simpatia de pessoas e instituições a quem talvez jamais atingisse pela via de sua programação artística ou da linha editorial de seu jornalismo. Onde quer que atuasse, Carlito simbolizava a esperança de que qualquer trincheira pode se tornar canteiro do porvir melhor. A partir da pequena sala onde começou trabalhando, na casa da avenida Angélica, fundos das instalações da Globo da praça Marechal Deodoro, começaram a surgir campanhas de caráter social que ganhavam espaço e destaque nacionais. Entre elas, campanhas pela melhoria do trânsito, criadas ou supervisionadas por ele, eram ponto de honra do seu trabalho. Carlito havia perdido a mãe atropelada por um automóvel.

A visão panorâmica do mineiro de Lavras não se esgotava, porém, nas questões da tragédia do cotidiano, por mais que lhe doesse na alma a morte de dona Dulce. Admirador do trabalho anônimo, realizado pelos milhares de *office-boys*, Carlito criou o torneio nacional Futeboys, um dos grandes campeões de audiência da Globo, entre as famosas campanhas sociais da emissora.

Futeboys foi um gol de placa superado apenas por "Este ano o Corinthians vai ser campeão", que colocou em campo todos os times de futebol chamados Corinthians. Quando essa campanha foi lançada, o Timão titular amargava mais de vinte anos sem conquistar títulos importantes.

Além de campanhas patrocinadas por ela mesma, vez ou outra a Rede Globo engajava-se em iniciativas de outras origens, inclusive governamentais. Quando ia ao meio uma grande campanha da ditadura em favor do Mobral, o movimento nacional pela alfabetização, Carlito Maia sugeriu um anúncio em que aparecia um *close up* do dístico da bandeira nacional, Ordem e Progresso, e cujo texto começava dizendo: "Quarenta milhões de brasileiros não sabem o que está escrito aqui".

A proposta não foi aceita pelos militares porque mostrava o pavilhão nacional fora dos preceitos que regiam sua utilização. A capacidade de leitura dos assessores de comunicação da ditadura era insuficiente para que entendessem qualquer coisa fora do rol de proibições.

Além do trabalho anônimo dos *office-boys* e da tristeza dos milhões de anônimos seguidores do Timão, também recebiam o gesto solidário de Carlito Maia pessoas de renome, que corajosamente expunham idéias libertárias no teatro, na literatura e no jornalismo – atividades sob a mira, clara ou velada, da censura.

Quando o Comando de Caça aos Comunistas (CCC), movimento paramilitar do fim dos anos 1960 e começo dos anos 1970 formado por jovens da alta sociedade paulistana, espancou os atores e destruiu o cenário e as poltronas do Teatro Ruth Escobar, onde era encenada a peça *Roda Viva*, de Chico Buarque, Carlito foi uma das pessoas que se encarregaram de formar uma platéia-resistência para, no dia seguinte ao da violência, apoiar a realização do espetáculo e mostrar que o show da luta pela liberdade iria continuar – mesmo com os intérpretes feridos e o palco em destroços.

O final da peça foi celebrado com milhares de pétalas de rosa sendo atiradas pela platéia nos atores. Rosas, rosas, rosas, iguais às que Carlito, anos mais tarde, durante todo o tempo em que trabalhou na Rede Globo, enviou aos personagens que viviam, nos palcos de suas atividades, a mesma paixão pela vida e pela liberdade, mostradas pelo gênio de Chico Buarque em sua obra.

E agora, Josés?

De todas as camisas, a que mais amorosamente Carlito Maia vestiu foi a do recém-nascido Partido dos Trabalhadores, batizado com o cabalístico número 13 no primeiro sorteio feito pelo Tribunal Superior Eleitoral, em 1982, ano da primeira eleição por voto universal desde o trágico 1º de abril de 1964. A abertura lenta e gradual concedia à sociedade civil o direito de eleger governador, deputados, vereadores e prefeitos, exceto os das capitais.

Nessa eleição, fui candidato a vereador por Jundiaí e devo minha vitória nas urnas a uma ajuda especial e excepcional de Carlito Maia. Sabendo que, como petista, numa cidade igual a muitas onde as elites conservadoras comandavam os jornais locais, eu não tinha espaço, a não ser pago, para divulgar minha candidatura.

Isso era compensado com a realização de reuniões fechadas. Carlito agendou com Henfil – Henrique de Souza Filho, seu amigo fraterno – a participação do cartunista numa reunião, já marcada por mim, com estudantes universitários. Com orgulho, registro aquilo que me foi informado pelo próprio Henfil: foi seu único apoio público a um candidato naquela eleição. Mérito de quem?

Nesse tempo, Carlito Maia trabalhava na Rede Globo e eu, na McCann-Erickson. Nossos contatos eram menos regulares, portanto. Em 1985, porém, voltamos a nos freqüentar, dessa vez ambos com a camisa 13 do PT. A abertura concedida pela ditadura estendia o direito de eleição, também, a prefeitos das capitais. Na condição de petistas e publicitários, nos oferecemos para criar a campanha de Eduardo Suplicy, com Chico Malfitani, petista, ex-repórter político da Rede Globo, com participações importantes nas coberturas jornalísticas aos movimentos dos trabalhadores metalúrgicos do ABC paulista, antes mesmo da fundação do partido.

A favor do nosso trabalho voluntário havia ainda a mudança das regras da propaganda eleitoral pela televisão. Na eleição de 1982, era permitida somente a apresentação da foto do candidato e uma sumária locução em *off*, passando dados pessoais do postulante. Era, na verdade, um retrato malfalado, especialmente no caso dos candidatos do PT, a maioria barbudos de cenho franzido, anunciando-se ex-tudo – de *office-boy* a guerrilheiro – acreditando piamente que isso era ser "um brasileiro igual a você".

Afora a coragem de enfrentar a ditadura como poucos, o candidato a prefeito era o avesso dessa imagem. Desde sua história até sua aparência física, Eduardo Suplicy era, imbuída dos mesmos ideais, uma nova cara do PT. A análise retrospectiva que um dia se fará da luta eleitoral do Partido dos Trabalhadores fatalmente identificará Suplicy e a campanha de 1985 como a semente daquilo que floresceu em 2002. Então, mais uma vez, o nome de Carlito Maia reaparecerá como um dos grandes cérebros do partido.

Entretanto, conseguir levar ao ar, em quarenta e cinco segundos, a mensagem de um partido necessitado de fazer pregação ideológica e a fala doce e mansa do candidato, foi tarefa hercúlea. Junte-se a isso o *slogan* "Experimente Suplicy", cantado em forma de dolente balada, sem vivas ao socialismo, e está feita a encrenca para aprovar cada programa a ser levado ao ar.

Entre os avaliadores das nossas propostas criativas estavam José Dirceu, José Américo e José Álvaro Moisés – três muito freqüentes "não" aos nossos arroubos mais criativos e, muitas vezes, até abusados.

Durante a avaliação de um dos primeiros programas, quando as três vozes soaram unânimes, Carlito retirou-se da reunião, esbravejando que era muito Zé para um saco só suportar.

Ao final, porém, todos se entendiam – até porque perseguiam o mesmo ideal – a ponto de ter sido aprovado, entre os atrevidos programas de televisão, um quadro em que estrelava Zé do Muro, um "PTelho" a serviço da oposição, sempre duvidando das propostas petistas e achando melhor deixar isso de lado. E um diálogo entre Lula e Papai Noel, sobre o pacote de alterações na economia, feitas pelo governo federal ao arrepio do Congresso. Somente Deus e Marx sabem quanto Lula relutou pra aceitar a pantomima.

Havia ainda a novelinha em que Suplicy era o astro e conquistava os votos de uma família, composta por um marido conservador, uma esposa disposta a ouvir a mensagem do "bom moço", uma sogra ultra-reacionária e uma empregada doméstica apaixonada pelo "bonitão".

Nem sempre Carlito tinha tempo livre – nem paciência – para participar pessoalmente da criação e produção dos programas de propaganda eleitoral. Ainda assim, a força dada por ele na defesa da nova comunicação do PT permitiu a criação de uma forma menos carrancuda e mais palatável de interessar o público-alvo, o zé-ninguém, na política.

Luzes mesmo fora da ribalta

O Brasil que se intercalou entre o representante de propaganda impressa em caixinhas de fósforo e um dos três ou quatro nomes lembrados por Lula, recém-eleito presidente da República, no momento em que soube do resultado das urnas, foi o de um país onde mudanças aconteceram em tempo recorde.

O Estado Novo com as sementes da industrialização, a participação brasileira na Segunda Guerra Mundial, o fim da ditadura Vargas, a legalização do Partido Comunista Brasileiro, o janismo desvairado que antecedeu o golpe militar de 1964, os mais de vinte anos de autoritarismo milico como ante-sala da globalização, foram fenômenos sociais que, entre outros, ajudaram a definir a vocação intelectual de Carlito Maia.

Além da fome de conhecimento, que sempre inquietou a inteligência privilegiada do mineirinho de Lavras, a vinda para a cidade grande deixou claro que ele precisaria de combustível para essa luz não ser apagada pelo cotidiano da metrópole. Tornou-se então um dos mais brilhantes autodidatas que conheci numa época em que os recursos acadêmicos eram escassos e raras as oportunidades, especialmente para o exército de adventistas que chegava ao "Sul Maravilha".

Leitor de todos os jornais, da data da capa aos classificados, Carlito sabia de tudo que acontecia. Afora esse conhecimento, que o colocava em situação de guerrilheiro apto para qualquer tipo de batalha cotidiana, ele era leitor de todos os gêneros de literatura, freqüentador assíduo de teatro e cinema, enfim, o homem cosmopolita, na melhor concepção do termo.

Bertolt Brecht, Fernando Pessoa e Charles Chaplin tinham convocação garantida na seleção de seus autores favoritos.

Brecht e Pessoa epigrafaram centenas de seus célebres bilhetinhos e telegramas. O vagabundo Carlitos, porém, era seu centro-avante favorito – até porque sempre houve profunda identificação entre seus viveres de contestação, de humor, de paixões e de leitura poética da realidade.

Esse amor por Chaplin o levou a trazer para São Paulo, na comemoração do centenário do gênio inglês, sua filha Jane Chaplin, ocasião em que foi promovida uma série de eventos ligados à defesa da liberdade de pensamento, nas artes e na vida. Evocando o mais romântico dos contestadores de todas as formas de autoritarismo e de anulação da individualidade, Carlito Maia promovia outra de suas criativas batalhas contra a ditadura militar em vigor.

Caricatura de Paulo Caruso exposta na Semana Carlito Maia (1998).

Carlito, ao centro, entre os irmãos Hugo e Gastão.
Abaixo, o soldado Maia na base aérea de Natal (RN), durante a Segunda Guerra. Lá, disse ele, em contato direto com a miséria, tornou-se um homem de esquerda.

Carlito com a primeira mulher e os filhos. Da direita para a esquerda: Maria Helena, Malu, Carlito, Mariana, Luciana, Mauricio e Marquito.

Retratado por Elifas Andreatto.

Carlito com a neta Marina, numa passeata em Portugal pelo *impeachment* de Fernando Collor.

Foto dos tempos em que sofria de alcoolismo. "Mudei do vinho pra água", diria depois.

Em 1975, com integrantes da equipe dos *Futeboys* – campeonato de office-boys idealizado por Carlito.

Abaixo, tendo ao fundo quadro do caricaturista Thaves, criador de Frank & Ernest, personagens que Carlito adorava.

Carlito e Tereza conheceram-se no início dos anos 1980. Ela estava noiva quando recebeu, num bar em que se encontravam com amigos comuns, o seguinte bilhete: "Não case com ninguém sem antes falar comigo". Acabou-se ali o noivado, iniciando a relação que durou até a morte de Carlito.

"Carlito Maia é Carlito e é Carlitos. É bondade ao quadrado", afirmou o colega de *métier* Washington Olivetto.

Abaixo, com Antunes Filho e elenco da peça *Macunaíma*.

Com João Carlos Magaldi, personagem dos mais importantes na carreira e na vida de Carlito Maia.

"A luta é entre os sem-terra e os sem-vergonha", defendia Carlito, em 1997, no Encontro Nacional do MST.

Em 1999, com dom Paulo Evaristo Arns e Tereza na Igreja de São Domingos, em ato de homenagem a frei Tito. Foi o último encontro entre Carlito e dom Paulo.

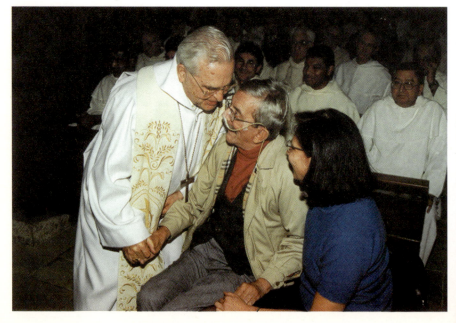

Criado pela revista *Imprensa*, o Troféu Carlito Maia de Cidadania premiou em sua primeira edição nomes como Henfil (*in memoriam*), Tom Zé e Orlando Villas-Bôas.

Promovida pelo Espaço Cultural Publisher, a Semana Carlito Maia contou com a participação de muitos amigos, entre eles Lourenço Diaféria, Ricardo Kotscho e Sergio Mamberti. E resultou na criação do bloco Animados do Carlito, que saiu às ruas de Pinheiros pela primeira vez no carnaval de 1999, dirigido por Edson Lima e Fred Maia.

No bar Supremo, ponto de encontro com amigos, no final da década de 1980.

Ladeado por Tereza e pelo vereador Mauricio Faria, recebe o título de Cidadão Paulistano na Câmara Municipal de São Paulo, em 1996: "Agora sou paulistano de papel passado".

Com Jane Chaplin (filha de Charles Chaplin) e Tereza – e o indefectível boné do MST – no Jockey Clube de São Paulo, em 1998.

I Troféu Carlito Maia de Cidadania, no Teatro São Pedro, em abril de 2000. Elifas Andreatto entrega a estatueta, de sua autoria, a Carlito.

Abaixo, inauguração do viaduto Carlito Maia, na zona leste da cidade, em outubro de 2002. A prefeita Marta Suplicy segura a placa, ao lado de Tereza Rodrigues e Eduardo Suplicy.

Assim no céu como na terra

Os 70 anos de Carlito foram comemorados com festa no The Gallery, em março de 1994. No convite, uma sugestiva inscrição:

"– Mas o que você faz na vida, Carlito?

– Amigos, amigos".

No céu dos seus sonhos ou no inferno da realidade, quase sempre desfavorável a Quixotes como ele, demonstrações de engajamento nunca faltaram ao devoto da justiça social. Já doente, sem conseguir falar, movimentando-se por cadeira de rodas empurrada por sua mulher Tereza Rodrigues – tal a fragilidade do físico vitimado por moléstia de origem neurológica, decorrente do alcoolismo e do tabagismo, dos quais livrou-se tarde demais –, Carlito Maia continuava exibindo com orgulho a solidez de suas convicções, absurdamente maiores do que seu corpo magricela parecia suportar.

A última vez em que nos encontramos foi no lançamento do Troféu Carlito Maia, criado por Sinval de Itacarambi Leão, Armando Ferrentini, Elifas Andreato e Tuse, da revista *Imprensa*, para premiar pessoas e instituições engajadas em alguma forma de defesa da cidadania.

Aplaudido pela multidão que lotava o Teatro São Pedro, na Barra Funda, Carlito apareceu saudando a todos, braço esquerdo erguido, punho cerrado, os grandes olhos iluminados por uma alegria infantil. Ostentava na cabeça o bonezinho vermelho do Movimento dos Trabalhadores Rurais Sem-Terra (MST).

Dificilmente em outra oportunidade como aquela a tibieza de um físico doente se apresentará com tamanha fortaleza, tão ao estilo Carlito Maia. Palmas e lágrimas retribuíram a grandiosidade da performance, infelizmente, uma das suas últimas.

Passados dois anos, Carlito Maia morreu. Eu estava fora do país. Voltei quase um mês depois e só então recebi a notícia. Sem saber o telefone da residência de Tereza Rodrigues, liguei para a Rede Globo à procura de informação. A engenhoca eletrônica conectada ao ramal dele ainda conservava a mensagem: "Aqui é Adriana, secretária do Carlito Maia. Depois do sinal...". Foi uma sensação desagradável, que acabou se repetindo, meses mais tarde, quando voltei a ligar, levado por uma curiosidade entre mórbida e rancorosa. "Aqui é Adriana, secretária do Carlito Maia. Depois do sinal..." Respeito pelo espólio ou descaso? Ficou a dúvida.

O fato é que, devido a dificuldades de ordem pessoal – o fim de um relacionamento amoroso e a doença de um filho, dois altos degraus da hierarquia de valores do ego –, acabei falando com Tereza somente três meses depois da morte do Carlito.

Diante de meu angustiado interrogatório sobre o triste acontecimento, angústia de certa forma gerada por uma espécie de culpa pela demora do contato, Tereza descreveu, comovida, os últimos momentos de vida do seu companheiro.

A pedido dela, quem deu a bênção dos santos óleos foi o Frei Betto, amigo de Carlito desde os tempos da perseguição da ditadura militar aos dominicanos, devido às posições políticas da ordem religiosa, inspiradas na Teologia da Libertação e em defesa dos direitos humanos. Também a pedido dela, o padre Júlio Lancelotti, outro amigo, notabilizado pelo trabalho em favor dos socialmente excluídos, entre os quais os moradores de rua e os menores infratores, encomendou sua alma.

Acompanhando Frei Betto, havia um rapaz, ligado ao MST que dera carona a ele e pedira para testemunhar o rito. A tristeza e o respeito demonstrados pelo garoto comoveram Tereza. No entender dela, esse fato simbolizava um tributo da nova militância ao velho defensor da causa da reforma agrária, assim como representava mais uma certeza da continuidade do movimento pelo qual Carlito tinha carinho muito especial.

Encerrada a cerimônia religiosa, restava a tarefa crua de preparar o corpo para o funeral. Apesar da comoção, Tereza estava disposta a isso. Foi quando chegou o amigo e ator Sérgio Mamberti, pedindo para cuidar do trabalho. Naquele instante, de novo e pela última vez diante do corpo do companheiro, Tereza confirmava que o generoso guerreiro Carlito Maia estava colhendo o que plantara: o afeto dos amigos, o respeito e o carinho de pessoas que partilharam, com ele, dos mesmos objetivos de vida.

Ao final de nossa conversa, quando lamentei o fato de Carlito não ter vivido para ver a eleição de Luiz Inácio Lula da Silva, Tereza me disse, com a doçura e a serenidade que lhe são peculiares: "Tenho certeza de que ele viu, sim. Acho até que deu uma mãozinha, lá de cima".

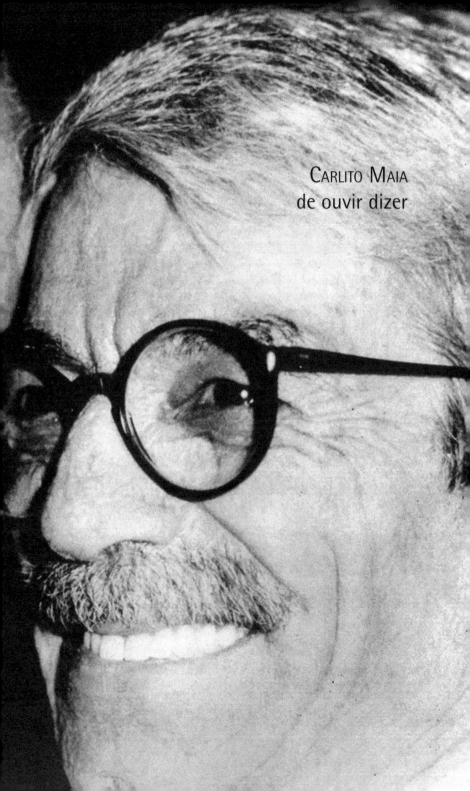

Carlito Maia
de ouvir dizer

O Senador pelo PT Eduardo Suplicy esteve entre os amigos mais próximos de Carlito e Tereza, e foi contemplado com algumas das ótimas sacadas do publicitário em suas campanhas eleitorais.

Carlito Maia é a unanimidade que desmente Nelson Rodrigues. A limpeza com que sempre pensou e agiu foi, para muitas pessoas, fonte de inspiração, estímulo, admiração e reforço na crença de que "uma vida é pouco, mas com coragem pode ser muito". Do muito que se escreveu sobre Carlito, ficam aqui alguns testemunhos, registrados por ocasião de sua morte, anotados por ordem alfabética dos autores, já que o universo de seus admiradores, embora tão amplo e variado, se iguala pelo mesmo tom de voz emocionada – e aí não há como classificar.

Antonio Candido

Carlito Maia viveu a cor, a alegria. Um homem que conseguiu traduzir em frases lapidares uma grande imaginação e um pensamento filosófico. Ele foi chamado, com muita razão, de filósofo do povo, filósofo popular. Um homem que inventava *slogans* que, numa frase rápida, dizia muito. Um homem alegre, um homem irreverente, um homem que mandava flores aos seus amigos. A impressão que se tem é que um pássaro abriu as asas e voou. Foi levado pelo vento, e naturalmente deixa aquilo que os homens que valem alguma coisa deixam: a memória e a impressão dos que ficaram, de que ele continua realmente vivo.

Beatriz Tibiriçá (Beá)

As "carlitices" entraram na minha vida muito antes do próprio Carlito. Eu ainda era menina (não que eu tenha deixado de ser...) e gastava boa parte de meus devaneios com a turma da Jovem Guarda. Numa família de economias curtas, mas muito carinho, os trocados foram juntados para que a caçula pudesse ganhar uma vitrola portátil para ouvir seus compactos, uma minissaia e uma jaqueta de *courvin*, incrementadíssima da marca Calhambeque. Mais tarde, aprendi que o meu amigo Carlito Maia tinha me dado de presente toda essa curtição. A Jovem Guarda era uma das boas carlitices que foram marcando a minha vida.
Já tinha ouvido falar do talento do Carlito por um tio, sério contador, auditor, com quem o Carlito trabalhou em tempos de boemia lascada. Ou ainda, pelo pessoal do Studio 13, onde a noiva do meu irmão trabalhava. Mas ainda não conhecia o Carlitinho.
Dando um salto no tempo, chegamos às tertúlias pelas mesas da vida, onde os artistas da vida, os de coração e os de profissão, se juntavam, noite adentro, para falar da vida, da política, dos impactos da conjuntura e arquitetar novas formas de enfrentar os dissabores coletivos. Nós falávamos e o Carlito escrevia, escrevia. Sentado, sempre na ponta da nossa mesa, com uma caneta hidrográfica de ponta grossa preta e outra vermelha, uma pilha de jornais do dia que estava por amanhecer, que o garçom tinha ido comprar, e outra pilha de papeizinhos de recado, ia soltando, freneticamente, pequenos poemas concretos e grandes idéias de resistência criativa.
Foi dessas mesas, onde o Carlito inventava de tudo, que surgiu o *Amigo Público nº1* e o *Pintou Limpeza* da simpática campanha do Suplicy vereador. Foi nessas mesas que aprendemos que o sangue do PT corria em suas vigorosas veias. O PT sangue bom, o PT contra a ditadura, o PT com que o Carlito brandia seu ódio contra as injustiças.
Mesmo que muita gente não saiba, o Carlitinho "confiou em você" como dizia seu carimbo nas inúmeras e gentis mensagens com que

ele nos brindava nas datas cívicas de nossas vidas. Numa que tenho guardada, do Natal de 1990, Carlito acrescentou à sua assinatura o seguinte poema de Antonin Artaud:
"Parto à procura do impossível. Vamos ver se o encontro".
Carlito Maia certamente o encontrou. Espero que nós, aqui neste mundo terreno, façamos justiça a seus sonhos.
Valeu, Carlito!

Betty Milan

Posso eu, diante de um pedido assim tão delicado, não escrever? Impossível, ainda que eu já tenha escrito *O Clarão* e passado três anos refletindo sobre a amizade e a morte a partir da história do "homem que mandava flores" e nos fez entender que o *flower power* é o poder dos poderes.
Todos os meus amigos me escreveram durante as madrugadas deste fim de semana participando a morte do Carlito. Em homenagem a ele, me vesti de branco.
Foi uma amizade com a qual eu aprendi que é melhor empatar do que vencer e a paz é a nossa meta. Carlito me ensinou que não há paz sem justiça, que o humor, "a delicadeza do desespero", é sempre uma saída e, quando todas as portas estão fechadas, a gente sai pela janela. Amei-o como a gente deve amar os amigos. Com a consciência de que ele era mortal e por isso não vou carpir a sua morte, que ele me anunciou e sobre a qual me fez refletir até que eu entendesse que a morte é uma estrela invisível e quem não nega a morte não desperdiça a vida.
As lembranças que eu tenho, dos passeios a Lavras, onde ele nasceu, inclusive dos buquês e dos bilhetes, ficarão comigo até o último dos meus dias. E depois, o meu filho, cujo nascimento ele saudou com lírios brancos, dele também se lembrará. Carlito talvez nunca tenha sido amigo de ninguém sem se tornar amigo da família inteira, sem saudar os ascendentes e os descendentes.
Por isso, algum dos meus certamente estará na cerimônia final, enviará a ele uma coroa de lírios brancos para com este gesto perpetuar a sua obra, que foi uma obra de paz.
Adeus, Carlito. Você agora vai para a constelação de estrelas onde o Vinicius está, o Magaldi e os outros que você amou. Adeus!

Chico Alencar

Carlito Maia, filho de dois e pai de cinco, partiu fora do combinado na antevéspera de São João. Mas venceu na vida – que não é nada, mas com coragem pode ser muito – perdendo e se declarando um fracasso bem-sucedido. Mineiro (que não fica doido, só piora), Carlito foi logo para São Paulo, aquela estranha cidade que junta os bandidos e afasta os amigos.
Apaixonou-se pela Poluicéia Desvalida, mesmo sendo um pacifista velho de guerra. Morreu aos 78 muito feliz: deixou inúmeros amigos, filhos queridos e três netos, seu salto triplo para a eternidade. Namorador, era fidelíssimo às poucas pessoas que amou de verdade, e, em 19 de fevereiro de 1989, declarou seus 65 anos de bons serviços prestados à Mulher Brasileira, sua maneira derramada de ser feminista. Bebendo de um tudo, precisou ficar com o fígado abalado para descobrir que o álcool odeia quem o ama. Biografia rica em saudades, sabia que nostalgia é coisa do passado, mas gostava muito de passear por ele. Sempre jovial, Carlito oPTou: voou com tudo até a estrela do Partido dos Trabalhadores, desde a sua fundação, e pertencia ao PT U.I., da corrente Uno e Indivisível, sem medo de ser feliz.
Temia, porém, que ele involuísse de partidinho insolente para partidão indolente. Por concordar com Oscar Wilde, que dizia que "sonhador é aquele que percebe a aurora antes dos outros", esse autodidata labutava sob protestos desde os 12 anos de idade e reconhecia que só trabalha quem não sabe fazer coisa melhor. Veio ao mundo a passeio e não em viagem de negócios, pois dinheiro não é problema nem solução. Completou Descartes: penso nos outros, logo existo. Solitário como uma árvore e solidário como uma floresta, Carlito Maia foi isso mesmo: sombra no sol a pino, alegria enxugando lágrima, raiz e copa, profundidade e comunicação direta. Não queria outra vida, esta é boa demais. Para Carlito Maia, o Brasil... só fraude explica. Por isso queria ver Lula lá. Valeu o dito, valeu o escrito, Carlito. Um beijo no coração.

Clóvis Rossi

No mundo da comunicação em geral (jornalismo, publicidade e afins), a competição é tão forte e os egos tão formidáveis que são raríssimos os casos de profissionais de que ninguém consegue falar mal. Carlito Maia é certamente um deles, o único de que consigo me lembrar capaz de ser elogiado ecumenicamente, à direita e à esquerda, embora ele, com certeza, preferisse menos ecumenismo e mais esquerda.
Por que essa rara unanimidade? Primeiro porque Carlito era o que, no meu tempo de jovem, se chamava de "boa alma". Hoje, pode até ser tomada como expressão piegas. O mundo ficou tão duro que pouca gente se dá ao direito de ser ou parecer piegas.
Segundo porque, talvez decorrência do anterior, Carlito torcia pelo êxito das pessoas, mesmo das pessoas que conhecia pouco e mesmo que o triunfo delas pouco ou nada lhe acrescentasse.
Terceiro porque nada aquece mais a alma e o coração do que um elogio bem colocado de uma pessoa inteligente, ainda mais quando se tem certeza de que o elogio é absolutamente desinteressado. E Carlito Maia era o mestre absoluto na arte de aquecer almas e corações com esse tipo de cumprimento.

Eduardo Suplicy

Carlito Maia pode ser considerado uma dessas pessoas especiais que aparecem de tempos em tempos para nos mostrar o quanto vale a pena termos o privilégio de podermos desfrutar de sua companhia.
Carlito Maia, que tinha em Charlie Chaplin um de seus principais inspiradores, era um exemplo de indignação diante de toda injustiça, de qualquer desrespeito aos direitos humanos e à cidadania. Ele foi um dos maiores estimuladores de meu ingresso na vida política, tendo muitas vezes comigo dialogado para dar idéias e sugestões. Fez vários *slogans* para as minhas campanhas como "Um candidato necessário", "Mais do que prefeito", "Experimente Suplicy", "Pintou Limpeza", "É do ar do Suplicy que o Senado precisa". Para tantos do PT, mas especialmente para mim, Carlito foi um verdadeiro irmão e extraordinário companheiro.

Elza Ferreira Lobo

Conheci Carlito Maia, na década de 1960, mais precisamente no início de 1965, quando convidada por Roberto Freire integrei a equipe que viria a criar poucos meses depois um grupo de teatro de estudantes que se consolidaria como "Teatro dos Universitários da Católica" - TUCA. Eu vinha de experiências exitosas do CPC da UNE e do MCP de Alfabetização de Adultos com a utilização do Método Paulo Freire. As duas experiências foram propostas vividas pelo movimento estudantil antes do golpe de 1964.

Em 1965 os estudantes da PUC encamparam a idéia e a levaram para o DCE, que adotou a iniciativa. Com o apoio do diretor da Comissão Estadual de Teatro, ligada à Secretaria de Estado dos Negócios do Governo, foram realizados cursos de teatro e leituras de textos para que os alunos pudessem montar suas peças teatrais.

Com essa iniciativa e o patrocínio da Secretaria, concretizou-se a formação do TUCA.

Em abril de 1965 havia cartazes espalhados pelo campus da PUC anunciando "O TUCA VEM AÍ", *slogan* criado pelo publicitário Carlito Maia que à época possuía com seu sócio Magaldi a Agência Magaldi-Maia & Prosperi.

Profissionais de teatro, como Eugenio Kusnet e Alberto D'Aversa, ministraram cursos sobre Métodos de interpretação, História do espetáculo e Introdução às técnicas teatrais.

Os apelidos de "Tremendão" para Erasmo Carlos, "Ternurinha" para Wanderleia, e a frase "É uma brasa, mora" para Roberto Carlos foram batismos do irreverente Carlito.

A repercussão superou todas as expectativas. Planejamos trinta vagas e inscreveram-se trezentos e cinqüenta estudantes. Foi necessário montar turmas pela manhã, tarde e noite.

Quando o TUCA foi convidado a participar do Festival Mundial de Teatro Universitário em Nancy, na França, em 1966, o convite veio através de Carlito, grande incentivador e estimulador do nosso trabalho. Carlito era um apaixonado pelo texto de João Cabral de Melo Neto, pela música de Chico Buarque, pela cenografia de Ferrara e a direção de Silnei Siqueira, mas sobretudo pela criatividade e direção artística de Roberto Freire, seu grande amigo e quem juntava todos.

Carlito viveu intensamente a carreira do TUCA, contribuiu para que os universitários pudessem viajar para o Festival colaborando na organização de shows e espetáculos de artistas conhecidos como Elis Regina, Dorival Caymmi, Vinicius de Moraes, Geraldo Vandré, entre outros.

Nas reuniões na casa de Roberto Freire, nos ensaios no prédio em construção do TUCA e às vezes no Auditório do Convento dos Dominicanos na rua Caiuby, onde creio que ali chegamos através de frei Carlos Josaphat, que com Roberto Freire havia participado do jornal *Brasil Urgente*, discutíamos nosso trabalho e Carlito sempre aparecia.

Quando regressamos da França com o prêmio, mas com muitas dívidas também, outra vez foi Carlito Maia o salvador. Criou a "Ordem do Tucano", diploma vistoso cujo preço simbólico era equivalente a um salário mínimo. Também conseguiu três passagens da Air France para colaborar com o grupo e a venda para a Philips dos direitos autorais da trilha sonora da peça para a gravação de um LP que sanaria as dívidas do grupo.

Através de Carlito conheci sua irmã Dulce Maia, que fazia parte do Teatro Oficina, dirigido por José Celso Martinez Correa, do qual também participava Frei Betto. Durante o período autoritário reencontrei Betto e Dulce; o primeiro nos porões do DOPS e Dulce no Presídio Tiradentes. Carlito visitava Dulce e carinhosamente agradava a todas nós – presas políticas – com deliciosos "pirulitos de sorvete"- os picolés.

No Chile, uma vez mais, nosso querido amigo Carlito, nos animava com seus famosos "bilhetinhos". No retorno do exílio, novamente o carinho de Carlito com as suas freqüentes flores em charmosos buquês sempre acompanhadas de mensagens carinhosas.

Na década de 1980, com a criação do Partido dos Trabalhadores, Carlito criou os *slogans* "oPTei", "Lula-lá", "Sem medo de ser feliz", mas também continuou prestigiando todos os atos que se realizavam com afirmações de liberdade.

Em 28 de outubro de 1991, durante o ato "Um Grito contra a Miséria", realizado no TUCA para marcar os vinte e cinco anos da encenação de *Morte e Vida Severina*, foi lida a Carta às Elites redigida por ex-alunos da PUC e uma vez mais foi Carlito quem criou o *slogan* "Democratas Anônimos" com o barrete da Revolução Francesa e o "Grito contra a Miséria" com o Fradim do Henfil.

Continuei conversando com Carlito através de bilhetes. Um dos últimos foi no encontro em homenagem a frei Tito de Alencar Lima, nesta

Igreja dos Dominicanos onde hoje lhe rendemos tributo.
Carlito gostava muito de minha mãe, chamava-a carinhosamente de Donana. Minha mãe ao lado de Terezinha Zerbini e de outras mulheres fundaram em 1975 o Movimento Feminino pela Anistia, que muito contribuiu na luta pela reabertura política em nosso país.
Ao completar 80 anos, Carlito ajudou a organizar-lhe uma belíssima festa, realizada no Colégio Equipe, àquela época na rua Martiniano de Carvalho, e enviou-lhe um buquê com oitenta cravos vermelhos, simbolizando na resolução dos cravos a sua luta na defesa permanente da dignidade dos povos.
Em 1984, Donana foi indicada para figura símbolo do bairro de Pinheiros, e Carlito uma vez mais enviou-lhe o seguinte bilhete:

> Para mim, Donana Lobo é mais que a "figura símbolo de Pinheiros" porque ela representa o que há de melhor na humanidade toda.
> Grande figura é apelido, Donana!
> Com beijares e abraçares, o Carlito
>
> "Não vim ao mundo para me resignar."
> (Máximo Gorki)

Carlito estava sempre presente em todos os atos que ocorriam em nossa cidade. Sempre chegavam as flores com as mensagens carinhosas "uma vida não é nada, com coragem pode ser muito". Em 1984, abraçou a luta contra toda sorte de crimes cometidos no Brasil. Sentia um enorme desânimo diante de tantas e tantas provas de ignorância, de burrice, de safadeza.
Colocou-se ao lado de Catarina Koltai quando esta, durante campanha eleitoral, manifestou-se a favor da descriminalização da maconha. Mas também assinou a luta pela criminalização do álcool e do tabaco, vítima que era dos dois agentes do genocídio da humanidade. Esse é o Carlito que nos deixou no último dia 22 de junho.
Carlito por sua doçura e simplicidade também ajudou a criar frases e *slogans* de campanhas para candidatos de outros países, mas sempre para pessoas comprometidas com a justiça social.
Como disse Kotscho, no *Pasquim*, "Carlito veio ao mundo a serviço, sim – a serviço da santa ira, da irada indignação e, ao mesmo tempo, da doçura de quem espia o mundo pelo buraco da fechadura como um menino travesso".
Até breve Carlito!

Eugênio Bucci

A história do Brasil não passa de uma seqüência de erros de tradução. Muitas vezes, erros crassos. Um exemplo? Muito fácil. Há pouco mais de trinta anos, os americanos tinham lá um (bom) *slogan* patrioteiro: "America: love it or leave it". Pois bem, a ditadura militar no Brasil resolveu transpô-lo para os trópicos: "Brasil, ame-o ou deixe-o". Pode haver prosódia mais abominável? O erro de tradução é acintoso. Não, o erro não está no sentido literal da estultice, mas na sonoridade bovina da frase abrasileirada. O que soa bem em inglês, range feito um mugido em português. "Ame-o ou deixe-o." Ninguém fala desse jeito, só dubladores (que em filmes de *cowboy* gritam barbaridades como "Peguem-no! Não o deixem escapar!"). "Ame-o ou deixe-o" parece um desses exercícios que a gente faz quando vai a uma fonoaudióloga, fazendo com o maxilar o mesmo movimento circular das vacas quando ruminam.

E olhe que poderia ter sido pior. Se os militares tivessem convocado um publicitário, a coisa talvez saísse na linha criativa. Já imaginou o desastre? Como estamos aqui às voltas com imagens pecuárias, uma possível tradução "criativa" me assalta a imaginação: "Brasil, ou você ama ou desmama". Blergh... Ou: "Brasil, ou você adora ou você cai fora". Sim, eu sei, piorou. Vai ver que foi por isso que deixaram aquele "amiuoudeixiu" literal mesmo. Parece incrível, mas o vexame foi menor. Foi apenas mais um caso de erro de tradução. Erro de contexto. Idéias fora de lugar, diria Roberto Schwarz. *Slogans* fora de lugar, isso sim.

A nossa bandeira nacional também tem lá, bem no centro, o seu *slogan* fora de lugar. "Ordem e progresso", como se sabe, é um lema importado, traduzido e censurado. Veio da Igreja Positiva, inventada por Auguste Comte, cujo mote era: "Amor, ordem e progresso". Eu não sabia disso até que, um dia, Carlito Maia me contou. Ele queria que a palavra "amor" entrasse na bandeira do Brasil. Ele tinha toda razão. Seria mais justo, mais íntegro e mais amoroso se assim fosse.

Dizendo o nome de Carlito Maia eu, finalmente, chego a quem me leva a escrever este artigo. Esse quem é Carlito Maia, que sempre defendeu o amor antes da ordem e muito antes da promessa de progresso. Carlito, que me ensinou a transformar o amargor numa risada. Que, rindo da autoridade, libertava a inteligência. Carlito morreu no sábado, no Hospital Sírio Libanês, em São Paulo. Tinha 78 anos.

Seu corpo sucumbiu a uma "doença degenerativa crônica", no dizer dos médicos. Sua atitude não sucumbiu. No caixão, com bolinhas de algodão no nariz e a boca entreaberta, velhinho e magrinho que só, estava rindo. Rindo para mim e rindo de mim, um pobre jornalista que critica os publicitários. E rindo com razão: Carlito, um publicitário, me deu muita lição de jornalismo.
Foi um gênio, mas isso não importa. Suas frases curtíssimas, seus achados brilhantes, ainda que publicitários, desenharam em parte a fisionomia da cultura brasileira recente. Foi ele quem batizou a Jovem Guarda de Jovem Guarda. Melhor que isso: ele me contou, já faz tempo, que tirou essa expressão de uma tradução portuguesa de uma obra de Lenin. Era uma frase mais ou menos assim: "O futuro da humanidade repousa nos ombros da jovem guarda". É uma apropriação antropofágica e magistral. De novo, um deslocamento de tradução nomeia a cultura brasileira.
Carlito foi também o gênio por trás da imagem do PT, uma espécie de Duda Mendonça do bem. Criou os *slogans* "oPTei", ou o "vaPT-vuPT", ou o "Lula-lá", e mais uma longa lista. Orientou os primeiros programas de televisão do Partido dos Trabalhadores ao lado de Chico Malfitani e de Erazê Martinho. Sem ele, o PT não teria a imagem que tem ou, melhor dizendo, a boa imagem que tem. Sobre a má imagem, ele jamais teve a menor responsabilidade. Dizia apenas que o PT era dividido entre xiitas e chaatos. E, outra vez, tinha razão.
Publicitário de esquerda, petista (não roxo, mas rubro), foi gerente de comunicação da Rede Globo em São Paulo. Era uma divertida contradição em termos. A Globo pagava os buquês de flores que ele mandava diariamente, desde os tempos da ditadura, para os amigos que aniversariavam, que tinham filhos, que lançavam livros, que estreavam peças, que faziam discursos de oposição no Congresso. Depois que sua doença começou a se agravar assustadoramente, e isso de dez anos para cá, a Rede Globo pagou muito mais que flores. Pagou muito mais do que mandavam suas obrigações trabalhistas. A Globo dedicou a seu funcionário ilustre uma atenção que não será esquecida. Carlito jamais foi unanimidade, mas chegou muito perto. Foi velado com homenagens do PT, do MST e da Globo. Nada mais justo.
O seu apelido, Carlito, era uma nítida alusão ao personagem de Chaplin, o Carlitos pobre, frágil, engraçado e de coração puro. Era assim, aliás, como um Carlitos à brasileira, que os cartunistas gostavam de dese-

nhar Carlito Maia. Tudo a ver. O Carlitos do cinema desbancava todas as tiranias, desde a exploração do trabalho (em *Tempos modernos*) até o totalitarismo político (*O grande ditador*). O nosso Carlito fez igual. Foi, portanto, uma tradução viva do personagem solidário de Chaplin. Mas, exceção a todas as regras, não foi um erro de tradução: foi um acerto magnífico, isso sim. Melhor que o original. Por meio de Carlito Maia, o Brasil sonhou seus melhores sonhos. E sonhos não morrem.

Frei Betto

Meu querido Carlito: por você, não lamento a sua partida. Viver não pode ser sinônimo de sofrer, mesmo porque Deus nos criou para desfrutar de um Paraíso. E a sua agonia se prolongou por muitos anos. A última vez que nos vimos foi na terça-feira, 18 de junho. Você estava muito sereno quando, ao lado de Tereza, eu lhe dei a bênção da despedida. Agradecemos ao Pai de Amor o dom de sua existência. Agora, no colo de Deus, você ri de suas inquietações quanto aos mistérios que, para nós, se escondem do outro lado da vida.
Lamento a sua partida por nós que ficamos. Com a sua ausência, ficamos órfãos de quem nos ensinou a lutar por cidadania. "Brasil? Fraude explica", bradou você diante de tanta corrupção. Você era a cidadania em carne e osso.
O último pré-socrático. Com as suas frases curtas e certeiras, proverbiais e irônicas, construiu uma obra literária e contestatória de inestimável valor, inclusive filosófico, com o mérito de proferir axiomas que todos entendem.
Viramos cúmplices desde 1966, quando nos conhecemos no Convento dos Dominicanos, no bairro de Perdizes, na capital paulista. Convidado por um dos padres, você veio pronunciar palestra sobre televisão. Contou como funcionava a sua agência de publicidade, a Magaldi-Maia & Prosperi; como você descobriu Roberto Carlos num show de calouros da TV Tupi; como desenhou o perfil da Jovem Guarda, que se tornou, naquela década, o programa da TV Record de maior audiência nacional.
Desde então não perdemos mais o contato, mesmo porque sua irmã Dulce se tornou minha companheira no Teatro Oficina, na resistência

à ditadura, no cárcere. E a minha admiração só cresceu, pois você jamais pôs a alma a leilão. Depois de beber tudo a que tinha direito num coquetel de indignações, transformou-se num ébrio de utopias. "Sonho, logo existo" era o seu lema.
Espelhou-se em Chaplin, seu *alter ego*, e combateu o regime militar sem perder o humor e o amor. Virou contrabandista de gente, produtor de fugas, alcoviteiro de guerrilheiros, semeador de esperanças. Acionou sua metralhadora giratória de frases e citações, fazendo da ironia uma arma capaz de derrubar prepotências e denunciar safadezas.
Poeta do cotidiano, socialista compulsivo, sempre partilhou com amigos e amigas a irreverência de seus textos e recortes de jornais e revistas.
Artífice da vida, jamais esqueceu aniversários e homenagens, celebrados por você com a alegria das flores, como quem semeia primavera ainda que reine rigoroso inverno neste país e em nossos corações. E agora, quem nos mandará "beijares e abraçares" em papéis timbrados da Rede Globo, com a sua assinatura acompanhada de uma estrela vermelha?
Quem, como você, soube fazer amigos? Betty Milan retratou esse dom em *O Clarão*, sua biografia afetiva. Você, que viveu "livre e solitário como uma árvore, porém solidário como uma floresta", sabia e nos ensinava que "nós não precisamos de muita coisa. Só precisamos uns dos outros".
Mineiro como eu, você nunca foi daqueles que ficam em cima do muro para ver melhor os dois lados. Homem de opções e ações, teve a dignidade embonezada pelo MST, que sempre contou com o corajoso apoio de quem soube enfatizar que "a luta é entre os sem-terra e os sem-vergonha".
Fundador do PT, você cunhou as expressões "Lula-lá" e "sem medo de ser feliz" e preferia "perder com as bases a vencer sem elas". Desconfiado, você sabia que, "quando a esquerda começa a contar dinheiro, converte-se em direita".
Sua vida, coerente e bela, foi o brado maior de quem jamais teve medo de algo tão simples e, no entanto, hoje raro: vergonha na cara. Pois você, fiel às suas raízes, sempre nos recordava que "é de pequenino que se torce o destino". Tanta coerência refletia esta sua autodefinição: "Sou o que de mim fiz porque assim quis".

Louvo a Deus, pleno de gratidão, pela dádiva de sua existência. "A esperança já perdi várias vezes", dizia você. "A fé, jamais." Ainda bem, meu querido amigo, tão amado por Deus e por todos nós que, nesta terra de papagaios, vamos sentir muito a falta de quem não desperdiçava palavras e esbanjava bom humor.
Num dos últimos bilhetes que você me enviou há a transcrição de uma frase de Antonin Artaud: "Parto à procura do impossível. Vamos ver se o encontro".
Guardo a certeza de que, aqui nesta Terra, valeu o esforço de quem, em vida, teve a honra de ver o próprio nome batizando o Troféu Cidadania da revista *Imprensa*. No avesso desta existência sei que, agora, não há mais nada impossível para você. Para sempre, sua vida é terna.
A Deus, Carlito.

Geraldo Casé

Acho que estou velho.
Abro a janela e não vejo
Os meus vizinhos...

Meu pai me confessava: "Estou ficando velho. Venho perdendo meus parceiros de pôquer...".
Essa sensação de perda, enquanto o tempo passa, nada tem a ver com nostalgia.
Tem muito a ver com a noção sábia dos limites de nossas vidas.
Em vez dos parceiros de pôquer sinto, também, que as minhas rodas de carteado estão se transferindo para outros lugares e que para esses lugares estão se transferindo os mais queridos e amados companheiros.
De repente me vejo fazendo constantes obituários e isso não me agrada.
Mas como ficar quieto e silencioso sem falar em Carlito Maia?
Os bilhetes, cartas e lembranças, aqui, sobre minha mesa, denunciam a sua presença amável e inteligente e mais do que tudo fraternal. A mais tocante delas é uma extensa confissão relatando as suas lutas, e a mais enternecedora é a sua derradeira mensagem em que usa duas palavras deliciosamente doces de seu vocabulário particular.
Abraçares e beijares. Adotei os dois vocábulos para mim, pois, com isso, sempre que os escrevo estou falando alguma coisa de Carlito. Ele

que foi inventivo criador na publicidade e na televisão, recriava nomes e os fazia divertidos e novos. Em seus escritos as letras se reencontravam e refaziam significados.
Sinto que ficarei esperando, a qualquer momento, a chegada de um bilhete seu. Quem conheceu Carlito sabe do que eu falo. Quem não o conheceu nem pode imaginar o que perdeu.
Em São Paulo, todos reunidos, discutíamos os caminhos e as soluções para as conturbações freqüentes de nosso país. Nessas pendengas ia-se da esquerda do PT ao ponta-esquerda do Palmeiras na eterna semcerimônia das roda de amigos que cercava Carlito. Quando as coisas se acerbavam, mesmo veemente, seu tom era apaziguador.
É inesquecível sua intervenção num diálogo, um pouco mais quente, entre dois litigantes, quando um deles referindo-se a um dos "comunistas" presentes referiu-se à "esquerda festiva".
– Calma nada de esquerda festiva! Aqui é tudo no vaPT-vuPT!
Era o *slogan* que criara para o partido do Lula!
E, com isso, abriram-se sorrisos e arrefeceu-se o litígio entre abraçares e beijares.

Glauco Arbix

Carlito Maia foi um mestre dos aforismos. Anjo torto da política, cultivou a arte de falar numa única frase o que uma legião de autores não consegue dizer em um livro.
Encontrei-o pela primeira vez no PT, partido que amou de paixão. Nunca tive com ele uma relação maior de amizade. Ouvia dizer que era frágil de saúde. Nunca acreditei. Talvez enganado pela destreza de sua língua, sempre o vi como um forte. Energizado. Sofisticado. Mesmo quando fincava seu verso nas fronteiras de um vulgar jogo de palavras.
O *Linha Direta* começou a publicar pequenas frases de Carlito a partir do número 35, em abril de 1991. Não falhou uma edição. Marcou as páginas do boletim com sua capacidade de portar-se como um espelho, côncavo e convexo ao mesmo tempo.
Ligou o passado ao futuro como na resposta ao enigma: "Brasil? Fraude explica". Foi duradouro: "Breve, polícia pós-Tuma". Libertário: "Eles dão voz de prisão. Nós de liberdade: teje livre". Abusado, prenunciou

um dos chutes mais fortes da nossa história: "Faça Collor dar um passo à frente: dê um pé na bunda dele". Sem se preocupar em aumentar o nervosismo dos mercados, cutucava sem pudor: "Confusão na economia? Eles são bancos, que se entendam".
O poder era como um bibelô a ser derrubado. Juntamente com a estante, claro: "No jogo de xadrez, torço para que o peão coma a rainha, derrube o rei e proclame a monarquia". Em suas travessuras, nunca pediu licença nem desculpas, pois ininteligível era o mau humor. Absurdo era não rir do politicamente correto. Ou, pelo menos, de sua pretensão de não provocar o riso.
Carlito parecia divertir-se com isso. Como em junho de 1992, no *Linha Direta* 91, quando disparou um artigo sobre Tereza Collor, aquela que "era um caso de tesão nacional urgente". O boletim recebeu e publicou cartas ácidas, recheadas de insultos.
Nas conversas que tive com ele, transpirou surpresa: "são infiltrados, não podem ser do PT", disse-me repetidamente. Estava errado. Seus críticos eram feitos da mesma matéria que ele, Carlito Maia, petista de corpo e alma. Contra-atacou, então, com mais poesia. O que sorria para a vida, agora gargalhava para as ideologias: "O PT é composto por seres humanos, com todos os defeitos e virtudes: xiitas e xaatos, xiiques e xuucros, xaaropes e xeeretas".
Suas pequenas gotas de literatura carregavam os piores venenos. Por isso mesmo, nem sempre ganhava o aplauso de leitoras e leitores. Instigou-nos, porém, a buscar os ângulos inesperados para se olhar o mundo. E, antes de tudo, com sua língua franca, ensinou-nos que o humor é corrosivo, traiçoeiro, debochado, infiel e, fundamentalmente, suprapartidário.

Humberto Pereira

Carlito Maia tinha o dom da indignação. Enxergava as injustiças, as malandragens e as canalhices antes da gente. Indignava-se com paixão sem medidas. E aí vinha seu outro enorme dom: o da comunicação. Achava as palavras adequadas, mutantes, lindas para cada situação. Criava encontros inéditos de sílabas, formava frases inesquecíveis em mensagens que nos despertavam para as indignações devidas. Era um poeta, um utópico que tinha na cabeça e no coração uma socie-

dade e um Brasil justos e generosos. Foi um grande frasista, sim. Foi, contudo, mais do que isso.
Conheci Carlito na década de 1960 fazendo uma palestra para jovens frades dominicanos entre os quais eu me encontrava. "Boa noite. Meu nome é Carlos Maia de Souza, sou marxista, comunista..." Era muita diversidade e franqueza naquela comunidade monástica, literalmente de hábitos medievais. Falou de publicidade, de televisão, dos programas da TV Record, especialmente do Jovem Guarda. Naquela noite, Carlito Maia entrou na minha vida como, durante toda sua existência, entrou na vida de tanta gente, na história da publicidade e das comunicações do Brasil, na saga da resistência à ditadura militar.
Depois do primeiro encontro vi Carlito ajudando na divulgação da montagem de *Morte e Vida Severina* no TUCA. Vi Carlito bêbado cambaleando pelas ruas do centro de São Paulo, no começo dos anos 1970. Desesperado com as incertezas do destino da irmã militante antes da anistia. Eufórico porque conseguiu trazer a filha do Carlitos (o original) para o Brasil. Frustrado porque não conseguiu trazer a militante Jane Fonda. Virou carne e unha com o Henfil até a morte deste. Henfil tinha o Betinho no exílio, Carlito, a Dulce, precisava mais identidade? Precisava. Henfil estava procurando alguém para ajudá-lo quando veio para São Paulo, um *office-boy* bem esperto que pudesse se desenvolver em assistente. Carlito apresentou seu filho Maurício (hoje jornalista que herdou o maior bem do pai, a indignação), adolescente de 15 anos.
Um dia em 1976, fiquei desempregado. Procurei Carlito que estava na Globo. Foi ele que me deu o endereço da praça Marechal onde fui recebido pelos companheiros Luiz Fernando Mercadante e Paulo Patarra. A partir de então, pude acompanhar o Carlito mais de perto. Trabalhamos inclusive na mesma casa por muitos anos, na rua Dr. Gabriel dos Santos. Ele com sua equipe no térreo e nós do Globo Rural no andar de cima. Descobri o Carlito pobre, anos a fio com as mesmas roupas, o mesmo *blazer* xadrez. Suas vaidades eram mais sofisticadas do que a aparência.
Na Rede Globo teve papel e flores e xerox para mandar seus infinitos recados. Parecia que ele só fazia isso, o que não é verdade. Aqui ele bolou projetos memoráveis como o Futeboys, o SP 2000 e O Corinthians vai ser campeão. Este é bom lembrar em detalhes. Era 1977. O Corinthians estava havia vinte e três anos em jejum no campeonato paulista. Carlito (são-paulino de berço) imaginou uma competição onde

entrassem só times chamados Corinthians. No final tinha de dar Corinthians. O campeonato não teve importância em si. Mas a Globo martelou, dia e noite, que "o Corinthians vai ser campeão!". No final do campeonato verdadeiro (quem não se lembra?) o Corinthians foi campeão com o gol de Basílio contra a Ponte Preta.
E o bom humor? E as brincadeiras? Uma vez estávamos em Belo Horizonte e resolvemos ir jantar em Ouro Preto. Lá pelas duas horas da madrugada entramos de volta no hotel onde morava o zagueiro Djalma Dias, na época atuando no futebol mineiro. Carlito, sacana, pegou sua chave e deu o seguinte recado para o porteiro. "Olha, o Djalma Dias pediu para chamá-lo às quinze para as cinco porque o treino vai começar cedo, anote aí." Outra vez, numa festa em que estávamos, entrou uma moça bonita e muito chata, reclamando de dores pra todo lado. Carlito anunciou que tinha um chá excelente para esses casos: o chá de minhápica. A risada foi geral. A moça, acho que não entendeu até hoje. Outra de festa (eu não vi, foi ele que me contou e faz muito, muito tempo). Era aniversário da Marta Suplicy e ela fez uma reunião para algumas pessoas. Carlito, muito amigo da família, foi convidado. Lá pelas tantas, ele telefonou para a aniversariante. "Olha, vou chegar atrasado porque ainda estou numa reunião aqui no sindicato de São Bernardo. Aliás, o pessoal quando soube que era seu aniversário resolveu ir também e já está providenciando dois ônibus." Por alguns anos, Carlito redigiu a coluna "Tempos Modernos" na revista *Imprensa*, onde acabou, em vida, virando nome de prêmio. A um dos artigos (junho de 1991) deu um título estupendo (nos anos de chumbo teria sido censurado para dizer o mínimo): "Matei um general e não gostei". Falava do general progressista Miguel Costa, principal comandante da coluna Prestes. Carlito levou o homem a um programa de TV onde foi tão elogiado que não suportou a emoção e teve um infarto fulminante. Acho que Carlito nunca fez ou disse algo sem graça.
O Carlito e a saúde pública dá um livro. Quando a aids começou a se espalhar, ele foi ousado para o tempo. Pegou a figura do nosso conhecido passaralho (desenhado pelo Henfil) e criou a palavra: "Cuidaids!". No pé da página as frases variavam. Repetir algumas delas neste ano em que a ONU anuncia setenta milhões de mortos vítimas da doença nos próximos vinte anos é uma homenagem a Carlito: "Meta o pau na camisinha"; "Moita é Morte"; "A picada do fim"; "O melhor pre-

servativo: comidinha caseira"; "Amai-vos uns aos outros (com camisinha)"; "Abaixo o apartAids!".
A história de sua saúde pessoal, ele que era um pau-de-virar-tripa de tão magro, mostra o gigante que foi ao abandonar definitivamente o álcool. Ele comemorava a data todo ano mandando bilhetes aos amigos. Carlito não deixou o álcool por causa do processo de autodestruição em que estava se perdendo. Sua razão estava nos outros: "Percebi o mal que estava fazendo exatamente para as pessoas que eu mais amo: minha mulher, meus filhos e meus amigos". Verdade. Por mais que soubesse pensar e viver o social, tinha o apego aos parentes. O pai, seu Petico, os cinco filhos, a primeira neta, Olívia, e depois os outros netos. Com mulheres foi de muita sorte, em momentos diferentes. Teve Santa Maria Helena, mãe dos filhos, e teve Santa Tereza. Dizem que houve uma certa Gilda, nos tempos da Segunda Guerra, quando era jovem sargento da Aeronáutica servindo contra o nazifascismo, em Natal...
É Carlito que tem de terminar este texto. Num manifesto ao (e para o) grupo de teatro "Athos", ele escreveu este parágrafo: "Dentre as 'famosas últimas palavras' ditas por gente ilustre, evidentemente antes de bater com as dez, gosto muito da de Prometheu, que se despediu com um lacônico 'Resisto'".

Ignácio de Loyola Brandão

A vida, entre outras, é uma coleção de mortos. Uns se vão, sem que nos afetem. Outros deixam a sua marca boa impressa na gente. No último mês, coloquei na memória três. Gente instigante. Como é difícil falar dos que foram mais chegados; quanto mais próximos, menos temos a dizer, a não ser buscar as melhores lembranças.
Quando chegávamos à livraria para a noite de autógrafos, víamos sobre a mesa a marca de Carlito Maia: o buquê de flores acompanhado por uma mensagem (que sempre terminava assim: um abracito) que dizia respeito à cidadania, à fé no Brasil, ao desgosto que a politicalha provocava, ao nojo pela corrupção crescente. Uma frase que trazia ironia, ferocidade ou humor, porque criatividade sobrava nele. E ele repartia, generosamente. O plural, chegávamos, não é de modéstia. Jamais houve noite de autógrafos nesta cidade, nos últimos trinta anos, que não começasse com a chancela do Carlito.

Ele conhecia os escritores, se relacionava com quase todos e insistia em manter vivas as amizades. Carlito conhecia pessoas como ninguém e acreditava nelas. Lutou, à sua maneira, para transformar o Brasil em um país melhor.
Magro, seco, indignado permanentemente, irado, crítico, bateu-se contra os moinhos que giram na lama e na impunidade, num sistema político e econômico deteriorado, sujo e devasso. Para quem não sabe, ainda é novo, basta dizer que Carlito, homem de comunicação, foi quem formatou a Jovem Guarda, moldou o perfil de Roberto Carlos. Carlito Maia se foi no fim de semana. Carlito ficou nos corações. Um homem correto a menos.
Um dia antes, a literatura brasileira recebeu, aturdida, outra notícia: a morte de Roberto Drummond. Não, não era verdade, Drummond estava certo de que não morreria, tanto medo tinha. Muitos souberam no intervalo de Brasil e Inglaterra, jogo que ele tanto desejava e não chegou a ver. Morreu horas antes. Como no intervalo, para evitar aquela mesa-redonda, onde o único lúcido é Sergio Noronha, fomos para a cozinha fazer um café forte, perdemos a informação.
Recebi a notícia pela manhã, por meio do Deonísio da Silva, que estava em Porto Alegre. Logo depois, Carlos Herculano Lopes ligou de Belo Horizonte confirmando que Roberto tinha partido ao encontro de DJ, seu personagem, aquele que morreu em Paris. Um amigo de trinta anos, Roberto era daquelas pessoas necessárias na literatura. Foi dos raros escritores e personagens ao mesmo tempo. Ele criou gente em seus livros e montou para ele uma personalidade singular na vida real. Se pensam que ele demorou para terminar o *Cheiro de Deus*, é porque não sabem quanto ele demorou para dar os retoques em Roberto Drummond, o mito. Sem *lobby* da mídia e do meio acadêmico.
Assim como não há um escritor brasileiro que não tenha recebido flores do Carlito, não há um só autor brasileiro que não tenha recebido um telefonema do Roberto, comunicando a assinatura de um contrato excepcional: dez editoras atrás dele para arrancar de suas mãos o último original. Ou feliz por um adiantamento de 100 mil dólares na lata. Exultando com uma edição de 200 mil exemplares, os livros escorrendo como água pelo meio-fio. Sôfrego com agentes internacionais colocando o livro nos Estados Unidos, na França, Itália, Alemanha, Austrália, Zimbábue. Orgulhoso, porque um crítico da Suíça tinha

elogiado uma tradução. Brincávamos: Suíça? Onde fica a Suíça, Roberto? Nunca vi ninguém tão realizado quanto Roberto quando comprou seu apartamento em Belo Horizonte. "De cobertura", me garantiu. Falou nisso por meses e meses.
Ou então, Drummond deliciado com a Globo batendo à sua porta para transformar em minissérie sua mais recente novela. Os que conheceram Roberto viram como ele chegou ao céu muito antes de sexta-feira passada. Ele entrou no paraíso quando *Hilda Furacão* se transformou no sucesso que todos sabemos.
A cada capítulo que a minissérie atingia picos elevados de audiência, Drummond se erguia do chão, flutuando. O êxito o fez levitar. O sonho, o impossível sonho de todos nós, estava acontecendo para ele. Nem ele parecia acreditar. Além disso, Ana Paula Arósio, como Hilda, foi demais para Roberto. Uma noite, surpreendentemente, me ligou e falou longamente – os que o conheceram sabem como era econômico nos interurbanos – de Ana Paula. Tive certeza de que estava apaixonado por ela, assim como foi por Hilda. Mas o autor se apaixonar pelas personagens (e, portanto, pelas atrizes que as encarnam) criadas é coisa comum, corriqueira, tudo se mistura em nossas cabeças. Daí a lindeza deste ofício.
Poucos lutaram como Roberto para ser conhecido, lido, ser considerado bom escritor, ser vendido, estar na mídia, ser um sedutor, ver as mulheres se apaixonando por ele, ser aclamado. Ele fez o que foi possível, sempre em termos decentes, muitas vezes ingênuos. No fundo, ele foi um puro *naïf* talentoso. Queria ser através de sua obra e nisso colocou a alma e as forças. Ríamos dele, às vezes, porque era inocente, atropelava as situações, montava cenas. No fim, ele também ria quando "desmascarado". O que importa é: Roberto sentou-se à mesa para criar livros sinceros, verdadeiros, bons.
Porque, acima de tudo, amava a literatura com um fervor e uma crença invejáveis. Vaidoso? Sim. Não somos todos? Somente os muito fortes, os excepcionais, talvez os santos (mas, querer ser santo já não é vaidade em si?), conseguem eliminá-la, tornando-se pessoas simples de verdade. Dois homens corretos a menos.
Dos leitores, a maioria não sabe de José Maria Brandão. Uma vez, anos atrás, fiz uma crônica sobre ele e minha tia Terezinha, falando de amor. Essa crônica, pelo tom e pelo tema, teve grande repercussão e foi escolhida para figurar em uma antologia para estudantes publicada pela

editora Mercado Aberto no Rio Grande do Sul. José, um ferroviário, na solidão de uma estação, descobriu o amor através do telégrafo e se casou com minha tia.
Coisa de novela. Ficaram casados durante cinqüenta e cinco anos, sempre apaixonados um pelo outro. José fez as vezes de pai para mim, foi confidente, incentivador, ouviu meus problemas e angústias, deu sugestões. Como eu, amava futebol, a Ferroviária e o Corinthians. Antes de cada jogo do Timão, no intervalo, e no fim, trocávamos interurbanos. Na casa dele, sabia-se. Terminado o jogo, todos deviam deixar o fone livre, eu ligava ou ele me chamava.
Criticava a atual seleção, mas não admitia que perdêssemos a Copa. Por incrível que pareça, para ele, o time ideal – dadas as circunstâncias – era esse que o Felipão escalou contra a Inglaterra. José viveu intensamente a ferrovia, como toda a minha família. Guardou incontáveis histórias. Incontáveis mesmo, porque não teve tempo de narrá-las. Escreveu algumas.
Queria conservar a memória da linha (como se dizia na gíria ferroviária), manter vivos personagens simples, portadores, manobristas, mensageiros, bilheteiros, foguistas, telegrafistas. A Estrada de Ferro Araraquara terminou. Sua história ficaria. Mas José se foi também. Não viu um jogo sequer da Copa que esperou tanto. Impossível falar mais sobre meu tio. Três a menos. Há vazios difíceis de serem preenchidos.

João Baptista Breda

Carlito Maia. Conheci Carlito quando da criação do Partido dos Trabalhadores; era o mais animado e aguerrido dos militantes, mesmo sem jamais ter se filiado. No entanto, desde que colocou a primeira estrela do PT no peito, nunca mais deixou de usá-la, fazia parte de suas vestes, assim como o boné do MST, incorporado posteriormente. Antes de conhecê-lo, já sabia que era um publicitário dos mais inspirados. Irreverente, incisivo, crítico, impertinente, inquieto e genial, era também educado, simpático, simples e muito afetivo.
Com o tempo, nossa convivência foi se estreitando e, durante anos, nos encontrávamos todas as noites com um grupo de amigos no Café do Hotel Eldorado, na avenida São Luiz, grupo ao qual apelidou de Clube da Abobrinha, em que era proibido falar sério (mas falava-se sobre tudo

o que havia de mais sério, importante e atual); enquanto jantava, lia o jornal do dia seguinte (que ele comprava toda noite na *Folha de S.Paulo*), fazendo comentários sempre inspirados sobre as manchetes, principalmente as políticas. A tertúlia entrava pela madrugada e ele era sempre o centro das atenções; pontificava, mas permitia que todos à mesa tivessem seus três minutos de glória. Ria de tudo com um sorriso sempre franco e fácil, contagiante. Todos temos guardados seus bilhetinhos, que ele distribuía à farta sobre os mais diversos assuntos, numa linguagem sintética, direta e contundente. Um vanguardista, sempre esteve à frente de seu tempo e dos acontecimentos. Marcava sua presença em todos os mais importantes movimentos sociais e políticos do país, quando de sua redemocratização. Generoso, criou inúmeras frases para campanhas de seus companheiros de Partido e vibrava como criança a cada nova criação.

Quando se mudou dos Jardins para a praça da República, com a sua inseparável Tereza Rodrigues, tornamo-nos vizinhos e ficamos mais próximos. Logo se tornou muito popular, criando inclusive um grupo chamado Os Centrais, visando recuperar o Centro da cidade, o que infelizmente ainda não ocorreu. Estava sempre alegre, circulando pela praça e pelas ruas próximas, com sua elegante silhueta de Dom Quixote, de óculos escuros, boné do MST e estrelinha do PT no peito, tranqüilo como se estivesse no centro de Lavras, seu querido berço natal, em Minas Gerais. Com o tempo, incorporou uma bengala ao seu estilo porque sua saúde já lhe cobrava os excessos da juventude boêmia. Quando finalmente recolheu-se em sua casa, já que a saúde já não lhe permitia os passeios, continuou produzindo, criando, sempre em frente de seu computador, escrevendo artigos, bilhetes e crônicas; continuou também a mandar flores aos amigos; lindas e comoventes flores, sempre acompanhadas de seus bilhetes, com muitos "beijares e abraçares" e quase sempre charges de seu grande amigo Henfil. A casa ficou muito movimentada, pois todos os amigos passaram a visitá-lo, o que deixava a ele e Tereza muito felizes. E eu testemunhei toda a sua força de viver em momentos difíceis.

Assim como chegou, "a passeio, não em viagem de negócios", foi embora, deixando saudade, mas também a lembrança de uma personalidade marcante, um ser único, digno, corajoso, impetuoso. Grande Carlito Maia!

João Pedro Stedile

O MST tem muito orgulho de ter tido entre seus militantes nosso querido Carlito Maia. Mas o Carlito não foi militante apenas do MST. Carlito foi militante de todas as formas de indignação do povo brasileiro. Por isso ele é na verdade um lutador de todo povo. E pertence a todos!
Foi um militante social, que incorporou ao mesmo tempo todas as características culturais de nosso povo. Ele foi ousado. Debochado. Sem vergonha das elites. Nem de seus patrões. Foi perspicaz.
Era socialista, sem deixar de gostar de futebol e das coisas boas da vida. Era indignado contra todas as injustiças, sem perder a ternura jamais! E nisso repetiu a práxis do Che.
Quem mais poderia homenagear os lutadores e suas causas, com ramos de rosas vermelhas, além do Carlito? Ninguém ousaria!
Nos momentos duros das brigas do MST. Nos momentos de glória. Sempre Carlito estava presente. Com seu testemunho, com seus bilhetes ou com seu ramo de flores, que tanta surpresa causava.
Teimoso. Há povo mais teimoso do que o nosso? Passamos quinhentos anos dominados, explorados, humilhados, e ainda nos divertimos com piadas sobre o opressor. Carlito teimou a vida inteira para estar ao lado dos oprimidos. Teimou até o último minuto, em viver, desafiando a medicina e a ciência.
Mas nos deixou um legado. Nos deixou muitos exemplos de coragem e de humanismo. Ele viajou com o boné do MST, mas nos ensinou a lutar com teimosia e perspicácia contra o latifúndio e suas elites.
E continuará assim, nos ajudando a dividir a terra, o conhecimento, a sabedoria e as flores. E brotarão no meio de nosso povo muitos Carlitos, orgulhosos de serem herdeiros do Maia.

Jô Soares

Sei que, à primeira vista, deve parecer fácil escrever sobre um amigo, ainda mais quando se trata de um amigo tão querido e talentoso. Quando digo talentoso, estou sendo modesto. Carlito, meu amigo Carlito, é mais do que isso: Carlito, juntamente com João Carlos Magaldi, foi um marco na história da nossa propaganda – por que não inventores de uma forma mais dinâmica de comunicação? Como se não bastasse, Carlito, mesmo depois de doente, continuou exercendo um papel fundamental como a consciência do espírito de cidadania.

Carlito, meu amigo Carlito, já me fazia rir, ainda na agência de Braulio Gomes, contando histórias sobre os antigos compositores de *jingles* para rádio, que sempre mostravam seus trabalhos batucando, mesmo quando não fumavam, numa enorme caixa de fósforos. Carlito dizia que, pelo tamanho, a caixa devia ser de uso exclusivo dos profissionais.

De todas as pessoas que conheci, Carlito era, sem dúvida, uma das que menos se interessava por coisas materiais. Uma vez perguntei:
– Carlito, se você ganhasse na loteria, ia fazer o quê?
Ele respondeu na hora:
– A mesma coisa que eu faço agora.

Voltando ao princípio: dizia eu que podem pensar que é fácil falar de alguém de quem se gosta e se admira tanto. Engano: a proximidade pode levar a distorções, à parcialidade, ao exagero. Neste caso, porém, garanto que não corro esse perigo. Por mais que eu fale, tudo que eu diga será sempre menor do que a realidade. Carlito foi, sem favor nenhum, um homem dedicado a tentar melhorar o mundo. Mesmo quando a terrível e inexplicável doença tomou conta do seu corpo e ele não conseguia mais falar, Carlito continuava a se comunicar furiosamente, primeiro pelo fax, depois pelo computador. Nem conseguia mais andar, quando fez questão de ir, numa cadeira de rodas, acompanhado por Tereza, companheira inigualável dos anos mais difíceis, à noite de autógrafos dos meus livros. Não conheço nenhum artista que não tenha recebido suas famosas flores numa estréia. Sei o quanto ele ficaria encabulado se pudesse ler estas linhas. Não faz mal. Anjo também encabula.

Leão Serva

É difícil não chorar diante da morte de Carlito Maia. Ele certamente recusaria o gesto. Mandaria um bilhete curto e engraçado. Mas neste ano tenso Carlito Maia é uma lacuna para o país e para o humor. Carlito Maia escrevia à máquina, sempre, até o fim da vida. Escrevia bilhetes curtos com frases de efeito e pensamentos cortantes, amorosos, irônicos ou políticos (não raro tudo junto).

Uma pessoa conhecia Carlito Maia num primeiro encontro simpático. Trocavam endereços. E Carlito nunca mais a abandonava. Numa hora de dor, estava ali um bilhetinho carinhoso. Num dia de festa, um grande buquê de flores. Sempre Carlito Maia por dentro. E por fora um envelope com o logotipo da Rede Globo.

Esses carinhos embalados com o timbre da emissora carioca desarmavam os espíritos de seus amigos de esquerda em relação à emissora que simbolizava a ditadura como uma espécie de braço desarmado do regime. Ora, como era possível aquela emissora careta manter aquele subversivo dos versos em sua folha de pagamentos? Mas era isso mesmo, a Globo o protegia e ele à Globo.

Carlito Maia foi tudo intensamente no tempo que viveu: foi um dos primeiros animadores da Jovem Guarda e deu nome ao movimento daqueles roqueiros brasileiros dos anos 1960. Foi dos primeiros animadores do PT e um dos primeiros animadores de quase tudo que acontecia de novo em São Paulo entre os anos 1960 e 2002.

Um *vernissage*, um lançamento de livro, uma festa, um evento social qualquer com presença de intelectuais, publicitários ou artistas e de repente aparecia um portador trazendo um buquê de flores (quase sempre brancas ou amarelas) em um envelope da Rede Globo, um bilhete carinhoso de Carlito Maia. Nos últimos anos, ele se desculpava alegando um motivo de "força menor". A doença que tirava sua capacidade de sair de casa não diminuía o humor.

O Brasil perde um "filósofo popular", como o definiu Boris Casoy, quando editor do "Painel", da *Folha de S.Paulo*, uma definição que pegou. E perde um dos Freuds capazes de explicar a psicologia do país. Deixa o PT numa hora difícil, especialmente em que o partido precisa de gente bem-humorada para resistir aos ataques.

Em uma de suas frases mais interessantes, exploradas recentemente em um romance de Betty Milan feito em sua homenagem, Carlito dizia: "O amor dos amigos nunca é de agora". O Brasil perdeu neste sábado um de seus melhores amigos.

Lourenço Diaféria

Dizem que nenhuma borboleta é igual a outra borboleta. Da mesma forma nenhuma pessoa é igual a outra pessoa. Talvez seja esse o maior

milagre da natureza e uma das pistas para imaginar a criatividade de Deus e a dimensão infinita da eternidade.
Mas, mesmo admitindo que um Carlos seja um Carlos único, e não um outro Carlos.
A cidade de São Paulo, e por extensão o Brasil, tem o mais singular Carlos de todos.
Um único, inconfundível, um doce e bravo senhor que já ultrapassa a casa dos 70.
Que poucos conhecem como Carlos Maia de Souza. Mas todos conhecem de perto ou de longe, com os olhos ou com o ouvir dizer como: Carlito Maia.
O Carlito Maia pode ser definido como um profissional prismático. Desses que têm mil capacidades. Mas qualquer que seja a face exposta à luz, ele inventa um arco-íris.
O Carlito Maia sempre se comunicou com as palavras, que ele sabe usar como ninguém.
Seus bilhetes, suas cartas, enviados a destinatários particulares ou remetidos a jornais e revistas que os publicam, tornaram-se símbolos de seu caráter e de sua militância pelas causas sociais no Brasil.
Nada lhe escapa: a malandragem dos malandros, a desonestidade dos desonestos, a safadeza dos safados, estejam entocadas nos porões ou nos pináculos do poder, têm sido alvo de suas flechas, de seu aríete e de sua borduna, mas isso sem perder a graça, a ironia, o bom humor.
Ser amigo do Carlito Maia não é um privilégio para poucos, ao contrário, o Carlito Maia tem mais amigos do que a quantidade de pétalas dos buquês de flores que ele manda entregar em domicílio.
Muita gente ingênua chegou a pensar que o Carlito fosse dono de uma rede de floriculturas ou que o Carlito tivesse um latifúndio de rosas lá em Minas, lá em Lavras, de onde veio para ser paulistano até o último fio de bigode. Na verdade o que o Carlito Maia tem é um jardim no coração.
Nesta semana, esse amigo de milhares está sendo homenageado por muitos amigos, que num momento da vida aprenderam a sabedoria de suas frases, que se tornaram famosas e continuam famosas à espera de quem as recolha em livro.
Mais ou menos de memória cito algumas dessas frases:

"O povo está preparado para votar, Pelé. O que não sabemos é bater pênalti."

"Quem tem mãe não sabe o que está perdendo."
"Vivo livre e solitário como uma árvore. Porém solidário como uma floresta."
"Evite acidentes, faça tudo de propósito."
"Estar vivo. É o único privilégio que importa."
"Noite mais bela. Só se ouvia a luz da vela."
"Sou o que de mim fiz, porque assim quis."
"Vivo sozinho, mas em boa companhia."
"Sonho. Logo existo."
"Venci na vida perdendo."
"Em terra de doidos, quem tem juízo é doido."
"O futuro é o presente depois."
"A esperança já perdi várias vezes. A fé, jamais."

Está aí nosso Carlito Maia filósofo, uma hora cáustico, outra hora radical, outra hora bonachão, mas eternamente terno.

Carlito Maia perdeu a voz, o ar que tange as cordas vocais, só consegue emitir o som do silêncio. Mas o brilho de seus olhos ao receber um abraço dos amigos é um ramalhete de estrelas em sua face.

Baita abracito, cara!

Luiz Inácio Lula da Silva

Sempre que alguém queria se referir à mulher dele, chamavam-na de "Tereza de Carlito". Era como se ela não tivesse nem sobrenome. Não se trata de machismo. Nos fundões do Brasil, como sabemos, é comum se usar apenas o prenome e o parentesco para identificar uma pessoa, independentemente do gênero – "Zé de Lia" ou "Maria de Firmino", por aí.

No caso dela, porém, com o passar dos anos e da convivência, foi ficando cada vez mais claro que deveria ser exatamente o contrário. O certo seria chamar o velho Carlito Maia, o único homem que conheci mais petista do que eu e o Zé Dirceu juntos, de "Carlito de Tereza".

Poucas vezes na vida encontrei um casal em que a relação de amor de uma mulher por um homem – e vice-versa – fosse tão intensa, desinteressada, permanente.

Carlito pode ter sido tudo na vida, além do publicitário criativo, do polemista brilhante, do frasista inconfundível, do pai amoroso, do com-

panheiro de todas as horas. Mas, nos últimos anos, foi, acima de tudo, o abnegado marido de Tereza – e vice-versa.
Os dois estavam sempre juntos nas boas brigas que compravam, sem escolher adversário, porque neles o amor e a indignação andavam sempre juntos, eram vitais.
Por que digo essas coisas? Porque é impossível falar do Carlito sem falar de Tereza. Era como se fossem uma pessoa só, um casal de Dom Quixotes dispostos a encarar todas as injustiças, todos os desafios, todas as armadilhas da vida que encontrassem no caminho do bem.
De Carlito, já disseram que era um eterno menino que ficou grande sem ficar bobo, mas não consigo imaginá-lo com seu inseparável boné do MST sem Tereza a seu lado, sempre lhe dando força, alimentando-o de esperança.
Pena que ele se tenha ido antes da hora de ver o Brasil dar a grande virada da sua história. No momento em que estamos bem próximos de acabar com quinhentos anos de dominação dos donos do poder, sinto falta do sorriso juvenil do Carlito, os olhos miúdos brilhando, rindo-se em silêncio das fraquezas dos que se imaginam eternamente fortes.
Por isso, acho que chamá-lo de "Carlito de Tereza" é a melhor forma de lembrar esse brasileiro que, apesar de tudo, nunca perdeu o orgulho de ser brasileiro. E petista, claro.

Malu, Maurício, Marquito, Luciana e Mariana

"Ele é filho do Carlito Maia." "Ela é filha do Carlito Maia." Não foram poucas as vezes em que essa inusitada forma de apresentação nos introduzia nos mais variados círculos sociais. Uma experiência invariavelmente vivenciada por todos nós, filhos do Carlito: Malu, Maurício, Marquito, Luciana e Mariana, quaisquer que fossem as circunstâncias (um novo grupo de amigos, um emprego, uma festa).
Num país movido a pistolões e pistolagens, pode soar estranho que nos orgulhemos tanto dessa situação. A razão é simples: Carlito nunca teve poder algum e sua grande credencial foi ter construído, por conta própria, uma biografia generosa e criativa capaz de cativar tanta gente em esferas tão diferentes desse país. Suas sacadas de publicitário, por si só, não explicam o reconhecimento público, que nos deu o

imenso privilégio de saber que tínhamos um pai tão querido pelos outros como nós mesmos o queríamos.

Sua utopia delirante (e não é à toa que adorava difundir a frase de Artaud: "parto em busca do impossível") misturava solidariedade e desejo em doses cavalares. Fez de tudo, mesmo quando não tinha como, para nos regalar com o que de melhor havia. A infância é cheia de lembranças desses presentes: uma viagem de trem a Araraquara para assistir a uma partida de futebol, idas ao Rio de Janeiro de navio, almoços de fim-de-semana em restaurantes onde conhecia *maîtres* e garçons. Livros, discos e gibis à farta.

Ao mesmo tempo que mostrou ser possível conquistar coisas aparentemente impossíveis, nos ensinou preciosas lições de solidariedade e rebeldia. Perdemos a conta do número de vezes que assistimos sessões particulares do filme *O caso dos irmãos Naves*, de Luís Sérgio Person, e outras preciosidades que alugava na rua do Triunfo. Essas sessões cinematográficas só tiveram fim quando teve que vender o projetor para pagar nossas mensalidades escolares.

Já que o cinema veio à memória, não custa lembrar uma cena que talvez melhor defina a figura de Carlito, pelo menos na nossa infância: vez ou outra íamos de carro buscá-lo no trabalho. Invariavelmente, ele saía do escritório, colocava seus pacotes sobre o carro, beijava os filhos, tirava o paletó, botava tudo e todos dentro do carro, assumia a direção e seguia para casa. Uma noite, repetiu toda a operação, esquecendo-se apenas dos pacotes no teto do carro. Um dos embrulhos era o salário do mês, em dinheiro vivo. Ele deu a partida e vimos papéis, jornais e cédulas se espalhando pela rua. John Huston não faria melhor a cena, se quisesse construir uma figura utópica e genial.

Somos filhos de Carlito Maia.

Marcelo Auler

Carlito Maia sempre teve muitas qualidades. Deve ter tido também seus defeitos, como todo ser humano, mas para os amigos só sobressaíam mesmo as virtudes. Muitas, por sinal, mas três delas se destacavam, pelo menos para mim, nos poucos anos em que me apaulistei e pude conhecê-lo um pouco.

A simplicidade com que ele lidava com a vida, era algo que se destacava. Famoso, toda São Paulo, apesar de megalópole, o conhecia e, mais do que isso, queria muito bem a ele. Principalmente quem era – ou se dizia – de esquerda, naquele início da década de 1980, quando as divisões e os rachas entre os que lutaram juntos contra a ditadura militar ainda não eram profundos. Apenas estavam começando.
Além de simples, ele era uma doçura só, com sua voz fina e mansa e com sua tradicional mania de mandar flores para todos, por qualquer motivo. Não interessava o que acontecia – lançamentos de livros, shows, aniversários, ou quaisquer outras comemorações – as flores do Carlito eram sempre as primeiras a chegar. E, mesmo sendo tradicionais – portanto, até mesmo previsíveis –, mexiam com quem as recebia.
Mas, além da simplicidade e da doçura, Carlito Maia tinha uma genialidade fora-de-série. Sacava as coisas rapidamente, tinha frases marcantes, nos momentos mais diferentes possíveis.
Certo dia, desfrutávamos da boa acolhida da família Kotscho, naquela aconchegante casa que ainda hoje permanece de portas abertas, na Cidade Universitária. Provavelmente comemorávamos algum aniversário, não importa. Era uma época em que não precisávamos de motivo para nos reunir, sempre tínhamos tempo para dividir entre os amigos e, o que é mais importante, não faltava assunto para as longas conversas. Estávamos em 1982, ano da primeira eleição direta para os governos estaduais. Numa roda, na beira do jardim, a discussão corria solta. De um lado, um grupo encabeçado pelo dono da casa, Ricardo – que ainda não tinha virado assessor de Lula –, reforçado pela argumentação de Paulo Patarra, defendíamos o líder metalúrgico no Palácio dos Bandeirantes. No outro, Quartim de Moraes, já assessorando Franco Montoro, vendia seu peixe, ajudado por Zélio, que naquela época ainda acreditava que o PMDB era a melhor saída. Tempo bom, quando se podia discutir entre Lula e Montoro, nem sequer imaginávamos os candidatos colloridos que ainda veríamos pela frente.
O papo corria solto, a discussão era acalorada e – como sempre – as defesas de cada candidato, intransigentes. Ninguém pensava em fazer a cabeça de ninguém. Apenas discutia-se por discutir, tentando resolver nas rodas de discussão todos os problemas do país. Nem fazíamos idéia do que ainda iríamos ver, das mudanças que presenciaríamos, dos intelectuais daquela época que depois pediriam que esquecêssemos o que tinham escrito e dito.

O único que ficou quieto o tempo todo era Carlito, parecia alheio. Ninguém reparou quando ele conseguiu com uma das três mulheres da casa – a doce Mara, a simpática Mariana, hoje jornalista como o pai, ou a trepidante Carol – um papel e uma caixa de lápis de cor. Lá pelas tantas, o silêncio dele pareceu incomodar aos demais, fazendo com que alguém o questionasse, não tanto para saber de que lado ele estava – pois isso era público –, mas provavelmente em busca de uma frase genial, ou uma de suas tiradas fantásticas. Carlito, chamado à roda, não entrou na discussão.

Sem se deixar contagiar pela exaltação dos demais, permaneceu com sua fisionomia doce, sorriso nos lábios. Num gesto simples, sacou o papel no qual, pacientemente, em letras pretas e vermelhas, acabara de bolar o símbolo que acompanhou o Partido dos Trabalhadores para o resto da vida: oPTei.

Era assim que funcionava Carlito: de forma simples, mas genial. Agora o perdemos, justamente numa época em que o Brasil mais precisa de pessoas como ele: simples, doces e geniais.

Como publicitário, Carlito teve uma carreira errática, repleta de momentos marcantes. A Jovem Guarda, criação da agência Magaldi-Maia & Prosperi, foi certamente seu mais expressivo feito. Houve ainda outras campanhas das quais se orgulhava, duas delas feitas para a TV Globo: "Guie sem ódio" e "O Corinthians vai ser campeão – a Globo garante!". Esta última foi feita em 1977, quando o time do Parque São Jorge amargava um longo jejum de quase vinte e três anos sem títulos importantes. Naquele ano, Carlito criou um campeonato que seria disputado apenas por Corinthians de várzea ou de cidades do interior. Esse campeonato paralelo, vencido pelo Corinthians de Presidente Prudente, deve ter animado os jogadores do time do Parque São Jorge que, naquele ano, venceria o campeonato paulista, ganhando de 1 a 0 da Ponte Preta na final, gol de Basílio.

Das muitas histórias de suas duas passagens pela Norton, em 1960 e 1967, Carlito Maia lembra com carinho daquela tarde em que precisava de Cr$ 15 milhões (em valores da época) que faltavam para comprar uma casa. Ao chegar à Norton e cruzar com Geraldo Alonso, pois tinham sala no mesmo andar, o sétimo, Alonso, intuindo problemas, perguntou se estava tudo bem. "Não", respondeu Carlito. "Preciso de quinze milhões para comprar uma casa." Alonso não titubeou. Ligou para a contabilidade e disse que soltassem um vale para Carlito com essa quantia, a ser descontada men-

salmente, à base de Cr$ 500 mil por mês. Carlito, boquiaberto, disse: "Geraldo, quinhentos mil por mês são trinta meses. Você acha que eu vou ficar aqui todo esse tempo?". "Não interessa", respondeu Geraldo.
Dias depois, briguei com ele e fui embora. Um dia, chego em casa e encontro um recado para falar com o doutor Geraldo, na Norton. Era perto do Natal. Eu estava com o espírito natalino, mas não tinha grana, nada. Pensei: era só o que faltava. Fui até lá e desci no andar da contabilidade. Cheguei e o cara disse: o doutor Geraldo mandou dar esse dinheiro de presente para você. E assinei um papel. Que coisa fantástica! E eu tinha ido lá para mandá-lo para aquele lugar por estar me cobrando e ele estava me dando. Tomei o elevador e fui até o sétimo andar. Abri a porta da sala e ele me olhou por cima dos óculos. "O que você quer?", perguntou. "Você é um cara fantástico!" Bati a porta e fui embora. Nunca mais vi o Geraldo Alonso.

Carlito nunca mais viu Geraldo Alonso, mas nunca o esqueceu. Anos mais tarde, ao ler no jornal um anúncio da Norton pedindo profissionais de atendimento para contas pequenas, Carlito Maia contratou um anão e mandou se apresentar pessoalmente a Geraldo Alonso, com uma carta de recomendação. O próprio Geraldo tinha prazer de contar essa história.

Silas Corrêa Leite

Quando me dei a escrever para jornais, revistas e suplementos de cultura, criticando desde a ditadura até os comportamentos malufistas e embustes do mesmo *modus operandi*, quando não trocadilhando e descendo o sarrafo em alguma situação impertinente, foi que notei, coincidência ou não, pura sorte, ao lado do meu modesto comentário, estava um outro todo jocoso e cem por cento inteligente do grande Carlito Maia.
Por diversas vezes no *Jornal da Tarde*, por exemplo, eu mandava um desabafo contra algum integrante da caterva do poder, e via na mesma data e local, espaço de leitores, uma ilustre opinião do Carlito Maia e ficava feliz, pois pensávamos os mesmos problemas, eu num enfoque crítico acirrado, quando não poético e sofredor, e ele, alto nível, trocadilhando, criativo, sensível e impoluto, como era sempre.
Com essas e outras, passei a admirar sobremaneira o Carlito Brasileiríssimo Maia, nosso porta-voz dos fracos e oprimidos em terra de muito ouro e pouco pão, de lucros impunes, riquezas injustas. Comprei um

livro dele que guardo como um tesouro, no meu butim de belezuras, sofrências e prazeiranças.
Era o mentor ético do PT, que ajudou a fundar em tempos de vacas magras, e onde foi elo, soma, pertencimento e farol. Depois descobriu o Partido, trocadilhando, partido mesmo, entre xaatos e alguns fervorosos xiitas. E ainda brincou: "a esquerda, quando começa a contar dinheiro, vira direita".
Era assim o Carlito Maia. Verdadeiro pela própria natureza, íntegro, corajoso e cheio de charme com suas flores dando testemunho de ternuras e encantos. Criticou o ex-tudo, o Ególatra FHNistão, o Pai da Fome, cobrou que o tucanato não tinha coragem de assumir o PT, mas era um meio PFL sem pé nem cabeça, dando, literalmente, o partido do governo, com os burros n'água. Ave, Carlito!

Silêncio sem documento
Amava Sampa com todo ódio, dizia ele. E indicava: "evite acidentes, faça tudo de propósito". Era assim esse *gauche* Carlito, nosso Garrincha rueiro de toda santa palavra por atacado. E concluiu, como ele mesmo sempre foi: "Uma vida não é nada. Com coragem pode ser muito".
Viveu intensamente. Amou e nunca deixou a mesmice por isso mesmo, sendo ele o guerreiro das palavras, no liquidificador de sua sensibilidade. Aleluia, Carlito.
De repente, nem mal-e-mal faturamos o Penta, e ele viajou fora do combinado, como diz sempre o Rolando Boldrin. Deu na *Folha*, no *Jornal Nacional*, e ainda hoje, trocando e-mail com a poeta Leila Míccolis, do Rio de Janeiro, assustei-a contando que o Carlito morreu. Ela não sabia e emocionou-se. Conheceu-o. E apontou qualidades nele, como outros que me retornaram o e-mail comunicando tremenda perda tiveram uma história de coragem e luta, de flores e encantários, que fez parte dessa Alma Carlito Maia, um sustentáculo de nossa mais graciosa lisura cheia de graça.
Aliás, um romance que escrevi, que ainda é livro virtual e não foi impresso, era dedicado a ele com todo orgulho, *Ele está no meio de nós* <www.hotbook.com.br/rom01scl.htm>; agora, se for lançar o e-book de modo convencional, terei que colocar o nosso Carlito Saudade no rol dos que estão *in memoriam*.
Foi uma perda enorme para o laboratório pensante da consciência

brasileira. Insubstituível, imprescindível, Carlito Maia deixou-nos o seu exemplo. E agora, pela falta dele, um silêncio sem documento.

Sônia Cintra

QUESTÃO
Aonde vai
a alma
dos passarinhos
quando morrem
se vivos
já voam

Tereza Rodrigues

Carlito,
Obrigada, meu amor, por ter-me escolhido para compartilhar esses últimos vinte anos tão intensos – os divertidos e os difíceis – de paixão, amor, inteligência, alegria e prazer, com total cumplicidade e confiança. Por ter sido meu grande amigo, meu companheiro, meu marido fabuloso.
Obrigada por tantas lições de vida e de coragem. Com você aprendi que não há tentação ou razão para fazer a gente virar as costas para valores como lealdade, dignidade, honestidade, sinceridade e honradez. Isso não tem preço. Não tem jogo: "las cosas claras y el chocolate espeso"!
Obrigada, Carlito, pelo teu carinho, a tua atenção e o teu respeito. Por me ter ensinado a amar, e me ter permitido vivenciar o verdadeiro amor, aquele que é sem limites, que ultrapassa tudo, que vira do avesso e só cresce.
Obrigada por tantas flores, cartinhas, bilhetinhos e tantas delicadas e surpreendentes declarações de amor. Saiba que foi para mim um privilégio ter podido retribuir todos os seus mimos cuidando de você, transformando, com alguma mágica, uma piada ou palhaçada, dias e dias de dor e medo em alegria.
Com você aprendi que é possível ser, a um só tempo, digno e humilde, sem se sentir humilhado. Agora, quando a saudade me aperta a

garganta, logo te imagino num lugar florido, muito cheio de luz, música ótima, fazendo graça, cercado de queridos amigos: Magaldi, Henfil, Otto Lara, Glênio Perez, e tantos outros. Feliz, se acabando de rir, falando pelos cotovelos, metidérrimo com o Lula Presidente! E em paz. Na paz daqueles que só se preocuparam com os outros. "Tudo o que precisamos é uns dos outros", você dizia. Você, que sabia ser "solitário como uma árvore e solidário como uma floresta".
Tive muito medo de te perder, mas hoje sou forte, uma pessoa melhor, preparada para enfrentar barras inacreditáveis. Testada e aprovada. Assim mesmo como você me disse um dia: "estamos passando por um batismo de fogo"! E, juntos, nós vencemos! Hoje sei que te ganhei. E vou tratar de ser feliz, como te prometi, te trazendo sempre comigo, nas lembranças, no humor fino e implacável, nas frases, nas neuras, na sabedoria e, claro, no fundo do coração. O que perdi mesmo foi o medo de morrer.
Te amo, Carlitinho lindo do meu coração, e vou te amar pra sempre.

Zé Nuno Martins

Caro Eugênio,
Não o conheço, a você.
Que não me conhece. Também.
Mas, pelos vistos, como tanta outra gente por esse mundo de cristo, conhecemo-nos em Carlito.
Carlito, com efeito, foi assim como uma espécie de cidade.
Ou mesmo uma república inteira, onde os cidadãos e a cidadania se encontravam todos os dias: ah, como ele gostava de falar dos Amigos aos Amigos.
Isso, ainda hoje, passados dezessete ou dezoito anos que o perdi de vista, é dos aspectos que mais me impressionaram no modo de ser de Carlito...
Tenho 54 anos.
Sou produtor de TV em Lisboa.
Nos anos 1970 e 1980, como radialista e produtor de shows, andei muito pelos Brasis.
E já não recordo quem me apresentou a Carlito. (Terá sido Chico Buarque? Julgo que sim, Chico apenas me apresentou sempre pessoas notáveis.)

Nasceu aí uma longa amizade, que nem mesmo as divergências ideológicas extemporâneas e tardias conseguiriam destruir: a malbaratagem da intensidade dos nossos contatos só verdadeiramente se daria com o meu progressivo afastamento físico (e profissional) das coisas e dos casos brasileiros, com um mar deste tamanho a interpor-se pelo meio e de uma maneira cada vez mais radical.
Mas dele me ficou para sempre, como um marco impressivo, a imagem indelével de um ser humano absolutamente incomum.
Carlito era assim. Absolutamente incomum.
A voz velada, o olhar matreiro, o tempero permanente do humor, a agudíssima consciência cívica, as mãos magras do artista, a permanente ternura, a imensa força de vontade (que o levou a conseguir dobrar-se sobre si próprio); os telegramas, os telefonemas, as colagens; os ramos de flores por minha filha Marta e aquelas folhinhas encimadas com o olho-tela de cristal azul da Globo, escritas a marcador vermelho com sua letra de arquiteto em capitulares, sei lá...
Tudo em Carlito constituía motivo de fascínio, sobretudo para quem, como eu, por vezes se sentia (mal) impressionado pela ligeireza e simplicidade do trânsito de emoções quase sempre característico de muitos dos meus muitos amigos a sul do Equador.
É que, mesmo na mais descontraída gargalhada que Carlito soltava, por detrás dos seus óculos de metal sempre havia um qualquer profundo sentido, menos evidente do que a "espuma do chope" daria a entender.
Com o desaparecimento de Carlito – de que tomei conhecimento do modo mais inesperado, na passada quinta-feira à noite, navegando no site do *JB* – sinto, passados estes anos, uma enorme saudade de São Paulo e de um imenso Brasil solidário que ele me ajudou a descobrir e conhecer.
Um Brasil que, salvo o devido respeito, ultrapassa as fronteiras – hoje, parece que universais... embora redutoras – e muito para além das que se estabelecem apenas com ronaldos e rivaldos.
Por seu intermédio, Eugênio, deixe-me dizer:
– Adeus, Carlito, meu Amigo! Tenha paz!

Antonio Candido
professor e escritor
pronunciamento na Plenária do PT, em 22 de junho de 2002

Beatriz Tibiriçá (Beá)
militante petista
depoimento para a Fundação Perseu Abramo

Betty Milan
psicanalista e escritora
Observatório da Imprensa, Memória, 26 de junho de 2002

Chico Alencar
deputado estadual pelo PT do Rio de Janeiro

Clóvis Rossi
jornalista
depoimento para a Fundação Perseu Abramo

Eduardo Suplicy
senador
trecho do voto de pesar (requerimento nº 419/2002) lido pelo próprio Suplicy em 25 de junho de 2002

Eugênio Bucci
jornalista
Jornal do Brasil, Caderno B, 27 de junho de 2002

Frei Betto
escritor
O Estado de S. Paulo, Opinião, 26 de junho de 2002

Geraldo Casé
ator
Jornal do Comércio, Rio de Janeiro, 30 de junho de 2002

Glauco Arbix
sociólogo
jornal *PT em movimento*, edição 117, Cultura

Humberto Pereira
jornalista
depoimento para o *Unidade* (Sindicato dos Jornalistas de São Paulo)

Ignácio de Loyola Brandão
escritor
O Estado de S. Paulo, Caderno 2, 28 de junho de 2002

João Baptista Breda
psiquiatra
depoimento para a Fundação Perseu Abramo

João Pedro Stedile
dirigente do MST
depoimento para a Fundação Perseu Abramo

Jô Soares
apresentador de TV
depoimento para a Fundação Perseu Abramo

Leão Serva
jornalista
Portal IG, 22 de junho de 2002

Lourenço Diaféria
jornalista e escritor
crônica levada ao ar em seu programa na Rádio Bandeirantes em novembro de 1998, por ocasião da semana Viva a Vida em homenagem a Carlito Maia

Luiz Inácio Lula da Silva
presidente da República
depoimento para a Fundação Perseu Abramo

Malu, Maurício, Marquito, Luciana e Mariana
os filhos de Carlito
depoimento para esta edição

Marcelo Auler
jornalista
Pasquim nº 20, 2 a 8 de julho de 2002

Silas Corrêa Leite
poeta e professor
Observatório da Imprensa, Memória, 3 de julho de 2002

Sônia Cintra
poeta

Tereza Rodrigues
advogada, mulher de Carlito
depoimento para esta edição

Zé Nuno Martins
produtor de TV em Lisboa
e-mail para Eugênio Bucci, *JB*, 27 de junho de 2002

O marco zero de São Paulo era um dos
pontos da cidade preferidos por Carlito.

Antenado em tudo quanto acontecia, no saber com o qual se identificava, Carlito Maia estava sempre na cadeira de pista, aplaudindo os companheiros de luta pela cidadania.
    Os fragmentos de correspondência desta parte contam com quem andava Carlito Maia.

Carlos Drummond de Andrade
Rio de Janeiro, 14 de novembro de 1980

A minha idéia de uma antologia de poesia social brasileira está morta e enterrada. Nem sequer guardei a documentação coligida. Desisti quando verifiquei que a maior parte dessa poesia era social mas não era poética, ou era apenas poética e nada tinha de social. Acho difícil, mesmo agora, fazer-se uma antologia boa deste gênero igualmente difícil. Mas sou grato a você pelo espontâneo oferecimento de colaboração.
Li e apreciei muito os (...) papéis que me mandou. Você é único. O texto sobre responsabilidade social dos meios de comunicação, excelente.

Rio de Janeiro, 1981

Na volta da esperança
um princípio de vida:
ser outra vez criança
por toda, toda a vida.

Ao Carlito Maia, sob a inspiração do nosso Chaplin, meu desejo de coisas boas, simples e amorosas.

Rio de Janeiro, 30 de abril de 1983

Que rosas mais rosas e mais rosas, em cor e perfume, as que você nos mandou! Minha mulher e eu ficamos encantados. Só não me encantei foi com a minha incompetência para tomar parte em júris, cívicos ou não. Eu já tinha escrito a você dizendo isto, quando recebi a sua mensagem ou apelo temido. Não me queira mal, Carlito: estou solidário com todas as críticas à Lei de Segurança Nacional, mas não tenho jeito de me exibir em público. Sou todo papel impresso, nada mais.

Florestan Fernandes
14 de setembro de 1984

(...) Não sou pessimista como você. Os seus artigos às vezes me deixam perplexos. Você é um lutador de fibra e um homem que confia na massa do povo. Além disso, empenha-se em causas que outros julgariam românticas. pois são as causas da Humanidade em luta contra a barbárie. Como disse uma vez Lenin, é preciso sonhar. Você sonha até quando está acordado, pois o sonho dos que defendem a revolução popular e democrática não nos surpreende dormindo; no entanto, quanto pessimismo espalhado aqui e ali. Por quê? Não se pode fazer tudo nos limites de uma geração. Portanto, o nosso papel é comparável aos corredores que se esforçam por entregar o bastão aos companheiros antes dos outros. Que mais poderemos fazer? É preciso confiar no esforço coletivo e alguém bamba nos esportes como você sabe disso melhor do que ninguém. O resto depende de oportunidades que não podemos criar sozinhos ou à luz da razão.

Antonio Candido
Poços de Caldas, 26 de novembro de 1985

Tenho três mensagens suas na mão. Você inventou alguns métodos notáveis para chamar a gente à realidade e à responsabilidade. Inclusive se jogando pessoalmente como tema, abrindo aquelas zonas da alma que podem ajudar os outros, e, sem a menor exibição, ensinando a vencer os pudores da omissão. As citações e frases que você semeia são oportuníssimas, como os casos que seleciona. No ano passado você mandou flores e palavras quando eu coordenava uma mesa redonda sobre cultura em Cuba. Encerrei lendo o que você dizia. Foi uma tempestade de aplausos.
A "Prova dos 9" é um exemplo perfeito do que referi: a confissão sem exibição, que abandona o ângulo pessoal restrito para se tornar auxílio, esperança e solidariedade. As suas mensagens estreladas enaltam e ajudam.

Luiz Orquestra, Carlito e Tereza em frente do
painel-homenagem feito pelo grafiteiro Kobra para a
Semana Carlito Maia, no Espaço Publisher, em 1998.

O que se lerá daqui pra frente é um punhadinho mínimo de textos de Carlito Maia, extraídos do seu livro *Vale o escrito*[1], e o último deles, retirado de *Folha de S.Paulo*, Painel do Leitor.

Na tela e no palco

Fim do expediente na agência e eu já prelibava umas e outras quando a secretária anunciou: há um conde lá fora.
Um conde corado?
Não, cara pálida, disse ela.
Manda entrar, que fazer.
Sim, senhor conde, em que posso servi-lo? O homenzinho à minha frente, pendurado na borda da cadeira, barba por fazer, mal-ajambrado e fedendo a pinga, era de fazer dó.
Trabalhei duas vezes na McCann e outras tantas na Norton, entre milhares de outras agências.
Em ambas, atendendo à conta da Nestlé.

---

[1] São Paulo, Globo, 1992.

Na Norton, chocolates.
Na McCann, leite Ninho, Nescau, Nescafé etc.
Havia uma campanha no ar: gostoso como uma tarde no circo, Nescau, Nescau, Nescau, parará-tchim-bum, lembram-se?
Mas a tal campanha era da McCann, não da Norton, onde eu trabalhava então, coisa que o conde ignorava.
E foi me dizendo que queria trabalhar no Circo Nescau, como se houvesse um, de verdade.
Não deixou barato: sou o maior ventríloquo do mundo.
E foi em frente: já trabalhei com os maiores astros de Hollywood.
E deu a lista: Robert Taylor, Clark Gable, Tyrone Power. E tinha provas.
Uma pasta cheia daqueles antigos programas de cinema do interior, que nem os programas de circo, impressos em azul, amarelo, cor-de-rosa, tudo já meio desmaiado, impressão tipográfica bem interiorana.
HOJE – GRANDE ESPETÁCULO DUPLO – HOJE.
Bons tempos aqueles.
Um dos papéis era do Cine Teatro Guarany, de uma cidade aí.
E era este o duplo espetáculo:
"Na tela, SANGUE E AREIA, com Tyrone Power. No palco, CONDE KAROL, O Maior Ventríloquo do Mundo!". Por apenas.
Naquele tempo eu era alcoólatra da ativa e da pesada, mas o fidalgo à minha frente não passava mesmo era de pinguço, de um bebum, nomes que dão aos alcoólatras de baixa renda, não a um próspero e mal-afamado publicitário como eu.
Quase que o convidei para uma penúltima no bar da esquina, mas me contive, não ia pegar bem, apesar de irmãos-da-opa os dois.
Pois não é que o cara diante de mim era o maior ventríloquo do mundo e já havia trabalhado com os maiores astros de Hollywood?
"Jamais me esquecerei daquela matinê em Araraquara, quando o Clark Gable trabalhou comigo, acho que o nome do filme era ... *E o vento levou*", suspirou o pobre.
O Karol, no palco, ao vivo, em cores.
Na tela, o Clark.
Fiquei meio sem jeito de dizer a ele que não tinha ligação direta com a conta do Nescau, com o Circo Nescau, queria dizer.
Mas escreveria um bilhete ao meu coleguinha da McCann que atendia a Nescau, apresentando-lhe o artista e pedindo-lhe que o atendesse, se possível.

É o máximo que posso fazer na circunstância, senhor conde.
Ele até que se deu por contente, devia estar acostumado.
Mas, pelo menos, levava uma apresentação para o Circo Nescau, "o maior do mundo", segundo ele.
Levantou-se, enrolou o *Notícias Populares* que tinha nas mãos e me perguntou: o distinto tem telefone em casa?
Saco, pensei, qual será a do ilustre?
Disse que não, que não tinha.
Estava me livrando de uma ventriloquacidade qualquer madrugada daquelas.
Mas fiquei curioso, por que quererá saber se tenho um macaco em casa?
Tive de perguntar.
E ele, ostentando um até então inédito ar de triunfo, no seu primeiro sorriso, disse: é que sou contínuo da Prefeitura e conheço um cara da Telefônica. Quem sabe a gente descola um telefone pro amigo, né?
Com um nó na garganta (eu usava gravata naquela época) descemos no mesmo elevador e desejei-lhe boa-noite na porta da General Jardim.
E lá se foi, meio hesitante, o velho conde Karol.
E sumiu da minha vida.

dezembro de 1986

Sonhar não é proibido (e faz bem)

Não, Marquito não sentia inveja dos meninos que tinham violões de verdade. Porque ele vivia sonhando que tinha um também. E fazia vibrar suas cordas invisíveis, com o rosto iluminado e os olhinhos brilhando de emoção verdadeira.
Havia quem achasse que Marquito era meio lelé da cuca. Claro, era gente que não tinha imaginação suficiente para saber que "aquele" violão só podia ser visto (e ouvido) por outros sonhadores, que nem Marquito.
Essas pessoas ignoravam também que ele não se conformava com a realidade que havia, vivendo a sonhar com a realidade que devia haver.
Tendo seu violão imaginário como bandeira, Marquito via um mundo novo. Um mundo em que as coisas são das pessoas que as entendem. E não só das pessoas que podem comprá-las (mesmo sem as

entender), apenas por terem dinheiro. Ah, quanta gente tem um violão na sala de visitas servindo de enfeite, sem tocá-lo nunca!...
E lá ia Marquito dedilhando seu violão de sonho, dele tirando as músicas lindas que seu coração compunha. Depois, limpava-o cuidadosamente com uma flanela bem macia feita de nuvens. E o guardava com carinho numa capa cor de céu azul azulzim todo estrelado.
Daí, ele pegava seu violão mais que exclusivo e o escondia debaixo da escada secreta que usava para subir ao seu paraíso particular.
As pessoas que não entendiam Marquito, tadinhas delas, até pensavam em levá-lo a um psicólogo para saber se ele tinha alguma coisa. Como resposta, ouviriam: "Não, ele *não* tem uma coisa, mas sonha com ela e, assim, faz de conta que a tem".
Um dia, os que só sonhavam quando dormiam resolveram dar um violão de verdade para o menino que sonhava acordado. Ao recebê-lo, Marquito abraçou-se ao violão, comovido, e disse: "Obrigado. Agora tenho dois".

agosto de 1983

Nas asas da canção

Hoje sou avô, mas já fui neto também. Em maio de 1988 fez quarenta anos que deixei a Força Aérea Brasileira, onde era sargento mecânico (de rádio). Servi em Parnamirim, Natal, RN, o "trampolim da vitória". A base aérea feita pelos americanos foi decisiva na surra que os Aliados deram nos nazifascistas. Aprendi na vida militar a ser antifascista, obrigado, FAB! Quando dei baixa tinha só 24 anos. E ódio às ditaduras. Nazismo e guerra, porém, são coisas feias e sujas.
Falemos, pois, de amor, música & vinho. Da vida boêmia de Natal, onde conheci Gilda (nome de batismo, não de guerra), num carnaval onde reinava o frevo: "Eu tive um sonho que durou três dias/ foi um sonho lindo/ um sonho encantador./ Eu fui dançando e ele me conduziu/ ao castelo azul onde mora o amor/ ao castelo azul onde mora o amor". Gamação instantânea. A amigação veio com: "Vôte que mulher bonita ta-ta/ vôte que mulher cheirosa za-za/ se apanho esse diabo/ ai que noite calorosa za-za". Ela, sacana, cheia de charme, me cantava sibilante: "Antes eu nunca te visse/ naquele baile

na casa da Alice/ naquele baile na casa da Alice/ antes eu nunca te visse/ antes eu nunca te visse/ vestido de terno branco/ cheiroso e gostoso/ fazendo tolice". A "Pensão Ideal", bordel rigorosamente familiar, era uma escola risonha e franca. Mas o nosso "castelo azul" era na Praia do Meio.
A gente ia pra lá meio de porre, tomava banho de mar à luz da lua, seguido de banho de cuia (água doce) porque chuveiro tal casa não tinha. Daí caíamos na rede para transar. (Para os iniciados: é só dar a partida, o resto fica por conta do balanço.) Quando brigávamos (não, jamais chegamos às vias de fato) era a glória. Se a briga fosse feia, lá vinha ela: "Meu amor quando se zanga/ chega até a me dar pancada/ é bem bom/ não dói nem nada". Uau!
Hoje as músicas são feitas por computadores. E a Gilda deve ser avó também. Mas *nossas* músicas continuam sendo tocadas no coração. Recordar é viver viajando nas asas da canção. "Um ser é uma memória em ação."

Carlito Maia, 65 anos de bons
serviços prestados à mulher brasileira.
abril de 1989

Agora é tarde

A história é digna de Koestler, disse o Otto (Lara Resende), amado mestre e amigo. Local: São Paulo. Data: 10 de outubro de 1974. O Gustavo trabalha comigo (ele no Rio) e apareceu no escritório pela hora do almoço. "Preciso da sua ajuda." Era comigo mesmo. E fomos para um bar, onde passamos horas. Lá pelas tantas: "Você tem o dobro da minha idade, é mais velho que meu pai. No entanto, falamos de tudo, sem bloqueios. Com o velho é uma tragédia: não consigo me abrir, há um muro entre nós. E sei – sinto-o! – que também ele quer se comunicar comigo, mas cadê coragem?". Emborquei outra e saí pela tangente: ora, você não é meu filho, nem eu sou seu pai. É assim com todo mundo, mesmo com os mais sábios e avançados, o mal é da humanidade toda. Até lhe contei do concurso aberto aos leitores de um jornal europeu: "Qual é a manchete dos seus sonhos?". E falei da ganhadora: DESCOBERTA A COMUNICAÇÃO ENTRE PAIS E FILHOS! Aí resolvemos fazer um pacto, coisa de irmãos.

Acertamos: naquele mesmo dia – sem falta – cada qual de nós iria ter uma conversa "de homem para homem" com o seu velho. Para facilitar o acesso, o reforço da cumplicidade externa: diríamos que *foi o outro que mandou que fizéssemos aquilo*. Combinado? Aperto de mãos. Levei-o ao aeroporto e fui para casa, preocupado: meu pai andava doente e morava pertinho de Congonhas. Fazia dois ou três dias que eu não o via, porém, que feio: estava bem embriagado. Melhor seria uma soneca antes e uma ducha depois. Dormi como um porco e só acordei com o telefone tocando, noite já: era do Rio. "O que foi que você fez com o Gustavo, que parece ter enlouquecido?" Diante do meu espanto, explicaram: quando o meu amigo chegou em casa, o pai havia morrido, minutos antes. Coração. Aí ele se pôs a quebrar tudo o que via. Gritando: "Foi o Carlito que mandou! Foi o Carlito que mandou!". Despertei de vez: meu pai! Comecei a me vestir e o telefone tocou de novo. Atendo e ouço meu irmão dizer: "Venha logo, papai acaba de morrer". Tínhamos perdido nossos pais no dia mesmo em que resolvêramos conquistá-los.

Carlito Maia
é filho de dois e pai de cinco.

maio de 1989

Ok, vocês venceram

A indústria cultural ianque é bem mais poderosa do que as tropas de Tio Sam. Contra estas eu poderia lutar. Já diante da outra, quase que me rendo. E olha que sou de um tempo em que reinavam Al Capp e Alex Raymond, Duke Ellington e Ella Fitzgerald, musicais da Metro e Marilyn, Faulkner e Hemingway, gente danada que fez a cabeça do mundo. Mas não precisava exagerar. Invadiram tudo, tomaram conta do pedaço. E o que ganharam com isso, no que me diz respeito? Ganharam foi a minha bronca.
O que acontece hoje, no Rio de Vaneio? A moça de Madureira, a falada "capital do samba", só quer saber de... rock! Na matéria de Marceu Vieira (viva!) para o caderno Cidade, do *Jornal do Brasil*, lê-se:

> Madureira não é mais aquela. Terra de batuqueiros, cenário da malandragem boêmia, berço de Natal e Mano Décio da Viola, o bairro mais popular da zona Norte tem hoje uma juventude que detesta pagode, odeia

carnaval e não freqüenta as quadras de suas grandes escolas de samba, Portela e Império Serrano. A constatação surgiu de pesquisa realizada pela agência de publicidade Salles Interamericana, dona da conta da Brascan, empreendedora do Madureira Shopping Rio.
E vai por aí.
Isto é: o jovem de Madureira adora rock and roll e odeia o samba! Pudera: locutores das rádios nativas só não falam em inglês porque não sabem (nem português, quanto mais a língua de Bob Fields...). E tome lixo musical importado noite e dia. Assim não há tatu que "reséste", né? Chato é que o *boy* madureirense, em matéria de diversões, "freqüenta danceterias e barzinhos na zona Sul e critica a falta de opções em seu bairro!". Contudo, ele (*he*) "acha bonito o jeito de vestir dos jovens da zona Sul, mas reprova a juventude dourada, fútil e despreocupada com o futuro do país". Vai ver que pensa que Madureira é noutro país...
Caso típico de um recado: macaco, olha o teu rabo!
O gringo nem é tão forte: nós é que somos fracos demais. *We, the brazilian people*, temos sofrido graves perdas desde 1500, *but* a perda mais grave foi a da vergonha na cara. *Bye for now!*

*Carlito Maia não ignora que
"a week ago it was pay-day in Chicago".*

junho de 1989

Velho amigo & neta nova

Faz 70 anos hoje – e o conheci com menos de 30! – o príncipe de nascença Júlio Amaral de Oliveira, o "Julinho Boas Maneiras" falado (e respeitado). Trata-se da pessoa mais fina da cidade. E mora em Pinheiros. Meu companheiro (ideal) de boemia – quando só havia voluntários na noite. Hoje, boêmio tem carro com motorista-segurança e paga as contas com cartão de crédito. São os que não ligam o nome à pessoa.
Além de o maior boêmio da Poluicéia Desvirada, Julinho deita e rola em mais três campos: ciganos, óperas e circo, tendo doado seu rico acervo ao MIS. Adoro o Julinho e choro com ele a falta de Lígia, sua doce companheira de anos e anos.

Viva o Júlio, com quem estive domingo passado, quando foi inaugurado o Museu da Voz (barraca 63 da Feira da Benedito Calixto). Parecia mais moço do que eu, além de muito mais elegante e charmoso. Lá estava também o maior craque de todos os tempos, isto é, dos tempos em que havia futebol, Leônidas da Silva, o "Diamante Negro". Léo, meu ídolo, está enxutésimo, que inveja! Outra presença: padre Godinho, em ótima forma. E até o veterano repórter da tevê, "Tico-Tico". Coroa tinindo nos cascos. Não envelhecem, continuam meninos. Mas eu voltarei a falar aqui do Museu da Voz, bela iniciativa do Luiz Ernesto Kawal, escoteiro sempre alerta, e do Jorge Narciso Caleiro Filho. Pinheiros é um bairro inteligente.
Caiu num sábado o 21 de junho de 1986. Aquele em que Zico e Sócrates demonstraram ao Pelé que não estamos preparados para votar nem para bater "penalties". Ainda que os craques faturem horrores pra dar suas bolas fora e o povão, coitado, viva mal e porcamente, pagando muito caro por isso. Mas eu sempre digo (porque confio): um dia a casa cai. Pois foi no 21 de junho – também dia dos anos de Eduardo Suplicy, o Grande Cidadão – que me tornei avô de Olívia, a "Iaiá". E o Julinho já estava nos 67. Feitas as contas, Olívia fará 70 anos em 2056. Festa de arromba, à qual não faltarei. Quero morrer muito jovem daqui muitos anos. E Olívia me ajuda demais, ela me recarrega a pilha.
Beijos mil *per tutti!*

Carlito Maia, amigo de Júlio
e avô de Olívia, é um felizardo.

junho de 1989

A Grande Marcha (à ré)

Nunca fui, é longe paca. Conheci-a na juventude, lendo Pearl Buck e Lin Yutang. Mais o Confúcio. Depois, Mao: "A marcha dos dez mil quilômetros começa com o primeiro passo". Disse e fez. Nada pode ter fim se não tiver tido início. Assim, Mao Tsé-tung livrou seu povo do ópio e da servidão. Viva Mao, o Libertador!
Brotou maoísta por toda parte: "Seja realista, exija o impossível". E piadas: "Otimista aprende russo e pessimista, chinês". Até acontecer o entrevero entre Nikita Kruschev – senhor de todas as Rússias – e Chou-

Enlai. Virou folclore. Berrou Nikita: "Pensamos de modo diverso porque você provém da aristocracia e eu, do povo", algo assim. Aí o sábio chim acabou com o jogo: "É verdade, mas nós dois traímos nossas origens". Quanto mais se fala, menos entendem. Tem que ser curto e grosso.
O certo é que a glória da Grande Marcha arrebatou milhões e milhões, não deixaram por menos. Confesso: sempre tive um pé atrás. Um dia, dei *A Ilha*, do Fernando Bê, para Maurício, meu filho nº 2. Leu que leu e comentou: "O livro é bom, pai, mas há uma ditadura em Cuba". Tentei ajeitar: "Do proletariado, filho". Aí foi ele que acabou com o jogo: "De quem quer que seja, pai, é uma ditadura". Ah, esses filhos!...
Agora o Deng Xiaoping, massacrando quem clamava por liberdade na praça da Paz Celestial (!). E os fuzilamentos em massa. Mandei telex pro Deng: "VOCÊS ESTÃO MATANDO A CHINA". Teve de ir em inglês – *"You're killing China"* –, não aceitam em bom português. E cometi frase no meu querido "Painel" da *Folha*: "O poder endireita a esquerda". Houve quem chiasse, parecia querer me dar razão. Saco.
O soldado de passo errado na parada pode ser o único com o passo certo. Não admito a ditadura de um sobre todos, nem a de todos sobre um. Odeio totalitarismos, nacionais e estrangeiros. Igual ao Maurício, esse tremendo bom-caráter. Sonhamos com a plena democracia. Para que advenha a terceira via – nem capitalismo nem comunismo. Ela será o que o povo – livre – quiser. Autodeterminação da boa.

Carlito Maia lamenta a sorte do povo chinês. E a do brasileiro também.

junho de 1989

O poder é de morte

Nicolas Guillén, poeta de Cuba, já não está mais. "Si no trabajo, me matan. Si trabajo, me matan lo mismo." Justo luto nacional na Ilha que, por minha conta, estendo a todas as vítimas do "paredón", as iniciais e as recentes – trinta anos depois! Mandei telex para Fidel, como já havia feito pra Xiaoping – sempre condenando o retorno à barbárie, o emprego da pena de morte, às vésperas do Terceiro Milênio. Velho inimigo das ditaduras fascistas, também sou contra os ditadores de esquerda que ferem direitos humanos. Confesso: sou um esquerdista utópico, sonhador, babaca. Não posso mudar, depois de velho.

Do checo Petr Chelcicky (século XV):

O poder se mantém por meio da violência. O poder que renuncia à violência destrói-se a si mesmo, pois o povo cessa de temê-lo na medida em que se dá conta de sua clemência e pára de tremer diante dele. O poder é espinho que faz sofrer: maltrata, fere, esfola, mata.
Em qualquer regime. Na França, com a guilhotina. Na China, tiro na nuca. Em Cuba, paredão. A revolução vitoriosa legaliza o que bem entende. Até o assassínio frio.
Humanista e democrata que sou, prefiro a revolução pelo voto, como a que tivemos aqui, tida, só, como vitória do PT, já pronto para outra.
Não sou contra a pena de morte apenas por temer erros judiciários, tese tão bem exposta por André Cayatte em "Somos todos assassinos". Sou contra porque não concedo a ninguém o direito de tirar a vida de outrem. Indivíduo ou Estado. E porque "a pena de morte não extingue a criminalidade, assim como a Aids não acaba com o homossexualismo", lição inesquecível de um condenado à morte nos Estados Unidos. Sou pela revolução, sim, mas de consciências. Não suporto o espetáculo do sangue derramado.
E sou radicalmente contra os que condenam milhões à morte pela fome, no Brasil ou em qualquer parte do mundo. E contra os "esquadrões da morte" clandestinos e parapoliciais, que praticam a "justiça" mais sumária: prendem, julgam, condenam e executam – no ato. E que ficam impunes. Quero a paz, mas – antes – exijo a justiça. Abaixo o poder!

Carlito Maia está com Wilde:
"Sonhador é aquele que percebe
a aurora antes dos outros".

julho de 1989

Los años sin cuenta

Que glória a rua Marconi no meio do século! Era o pós-guerra, descanso geral da companhia. A barbárie cedia vez a um pouco de civilização, o que nunca fez mal a ninguém. E eu – jovem ainda – tudo via com outro brilho nos olhos. *Ah, los locos años sin cuenta!...*
Tinha a charmosa livraria (com salão de chá) Jaraguá. E as presenças

de Carlão Mesquita, Sérgio Milliet, Lygia Fagundes Telles, Clóvis Graciano, Almeida Salles, Helena Silveira, Bebé Amaral, Caio Furtado. A fina flor da criatividade, do bom gosto, do *savoir vivre* cheirando a Paris, mas já com os primeiros toques de *made in* USA.
E o bar *Piccadilly*, com Erwin Wierner e Walter Pick a quatro mãos nos pianos *vis-à-vis*! Bastava eu entrar pra suspenderem o que tocavam e partirem pra um terno "What is this thing called Love?", de Cole Porter, *of course*. Tremenda massagem no ego, lembrança eterna.
Outro bar, o Colúmbia, onde tomávamos café e calibrávamos a cuca com bebidas e as últimas. Saíamos a mil do café do velho Nóbrega: *Cuba Libre* era o porre da moda, no alcance de todas as bocas.
As casas Vogue e Old England eram um luxo só. Naquele tempo, os novos-ricos apenas despontavam para o anonimato, não davam cartas de mão como hoje. Naquele tempo, eles conheciam o seu lugar, comportavam-se.
A loja de discos Brenno Rossi tinha o Cosmo, que avisava os favoritos quando pintavam novidades. Um dia me ligou: "Recebi *O Terceiro Homem*, Anton Karas e cítara". Fui voando buscar e ainda agradecia ao efebo, quando entra um tesão de mulher – raio de luz envolto em cheiros! E o que queria a divina? Justamente o disco que eu acabara de comprar – o derradeiro na loja! Ofereci-lhe o meu: "É seu". Sorriu com os olhos, aquiescendo, cúmplice. E saímos para o frio da tarde e o calor do seu ninho. Linda aventura, com princípio a jato, longo meio e fim normal. Um caso típico de "rua Marconi, anos 50".
Porém, tanto tempo passado, ainda canto baixinho: "A saudade é dor pungente, a saudade mata a gente, morena". Que perfume!

*Carlito Maia sabe que a
nostalgia é coisa do passado...*

setembro de 1989

Nunca mais, nunca mais

Aniversaria amanhã minha filha Luciana, doce figura. Belo dia. Belíssimo: eu completo treze anos sem álcool. Nem bombom com licor. Nada mesmo. Bobagem? Não é o que penso: acho uma glória. Quem não sabe beber pouco – nem muito – tem mais é que parar. Não há caráter que resista ao álcool: uma só gota dissolve o tênue verniz que nos envolve. Homem ou rato? Em 11 de setembro de 1976 - parei. De vez. O único jeito de alguém se livrar de um vício - qualquer vício - é eliminar dentro de si a vontade da coisa. Ou se alcança essa graça, ou nada feito. É sobre-humano. A ordem é parar de vez, nada de "ir diminuindo aos poucos", desculpa de mau pagador. Ontem viciado em beber, hoje viciado em não beber. Radical super. Ou isso, ou a sarjeta. "Levantar a mão, enquanto há tempo e esperança", né, Raul Drewnick, que não bebe há vinte? Amanhã é dia de eu comemorar importante vitória. Venci meu maior inimigo: eu mesmo. Fui a nocaute para poder recuperar a consciência. Mas não arroto vantagem: se dependesse só de mim, estava perdido. Se não acredito em milagres, creio em mistérios. Porém, o que me aconteceu é pessoal e intransferível. O que ocorre com uns não ocorre com outros. Aviso aos navegantes: há uma saída. É só querer. Querer muito.

A primeira admissão que fiz: não bebo por prazer, bebo só pra ficar bêbado. E a segunda (sempre de público): sou um alcoólatra. Ambas ajudaram bastante. Duro é ouvir de um filho: pai, você é um bêbado. Assim, só não pára quem não tem um pingo de vergonha na cara. E amor à vida. Vida fajuta, bebida idem. O cavalo branco de Napoleão era paraguaio. Dá nojo só de lembrar. Detalhe: quando eu bebia, não fumava. Tempo com álcool, tempo sem fumo. O fumo libera, o álcool dá coragem. Juntos são um perigo. Você é que sabe.

A vida é só uma viagem. Tudo tem seu tempo. Não há por que apressar o fim, mesmo que se viva no Brasil.

Amanhã é o dia. Há treze anos vocês se livraram de um bêbado chato. Agora sou chato a seco. Não bebo mais, nunca mais. Parabéns, Luciana.

Carlito Maia sabe:
o álcool odeia quem o ama.

setembro de 1989

"O Amor como base, a Ordem como meio e o Progresso como fim", tripé em que se apoiou o filósofo francês Augusto Comte (1798-1857) para sistematizar a filosofia do positivismo, abraçada pelos generais antimonarquistas, desaguando na República dos Bananas (15/11/1889). Mas na hora do dístico do novo pavilhão nacional, a confa: queriam o tripé de Comte, sim, mas implicaram com o "Amor" ("parece coisa de viado", teria dito um), daí só Ordem e Progresso. Se fossem Acordem e Progresso até que eu topava, mas, não, e deu no que deu. Amputaram a perna do "Amor" no tripé, sempre caindo pelas tabelas, claro, tripé com duas pernas não se mantém em pé. Venho lutando, faz tempo, com o precioso apoio de Otto Lara, para que o "Amor" esteja não só no lema como no coração dos governantes (os que o têm). Acho, porém, que uma bandeira sem vermelho não tá com nada: que tal um coração bem vermelhão na parte superior do globo azul do auriverde pendão? Como homem de comunicação, estou certo de que renderia boas manchetes na imprensa mundial. "Brasil tem amor na bandeira!" O Brasil da gente se amando adoidado, a luz no fundo do túnel – uma glória. Então, vocês aí do Congresso? Amor, Ordem e Progresso! Salve o Amor! Viva o Brasil! Ah, só respeito a bandeira quando confio em quem a está empunhando.

16 de dezembro de 1991

Frases

Carlito Maia notabilizou-se, também, por frases que jorravam de suas canetas bicolores conforme iam brotando de seu agudo senso de observação. A maioria delas foi publicada. Outras, por serem muito específicas, ficaram restritas aos amigos – para quem foram endereçadas ou com quem Carlito as comentava. Uma das não publicadas nasceu quando Marta Suplicy pediu a ele que criasse um *slogan* para a profissão de sexóloga, por ela exercida antes de seu ingresso na vida pública. Em segundos, nasceu: "Sexo é foda".

Entre as frases publicadas, destacamos algumas:

"Amo São Paulo com todo ódio."

"Não pode haver democracia onde os democratas são minoria."

"Evite acidentes, faça tudo de propósito."

"Se o PT não existisse, eu o inventaria."

"Acordem e Progresso!"

"Gravata: deixei de usar porque sentia um nó na garganta."

"Uma vida não é nada. Com coragem, pode ser muito."

"Quem tem mãe não sabe o que está perdendo."

"Vim ao mundo a passeio, não em viagem de negócios."

"Brasil? Fraude explica!"

"O PT não é do Lula, o Lula é do PT."

"São Paulo separa os amigos e junta os inimigos."

"Homem está em falta, machão tem a dar com pau."

"A esquerda, quando começa a contar dinheiro, vira direita."

"Poderia chamar-se Vanity Fairnando Henrique, o egonomista."

"Collorido pela própria natureza, o tucano é aquele que tem vergonha de ser PFL e não tem coragem de ser petista."

"A verdade deve ter escravos e não donos."

"Nós não precisamos de muita coisa. Só precisamos uns dos outros."

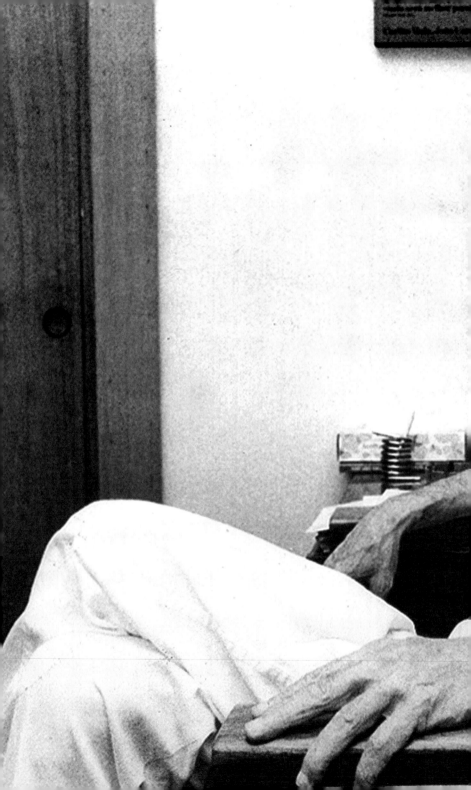

Em seu escritório da rua Haddock Lobo, na década de 1980:
"Uma vida não é nada. Com coragem, pode ser muito".

1924 Nasce, em 19 de fevereiro, Carlos Alberto Geraldo Maia de Souza, em Santana das Lavras do Funil, ou simplesmente Lavras, no sul de Minas.

1936 Aos 12 anos, já em São Paulo, consegue seu primeiro emprego como lavador de xícaras na rua São Bento.

1941 Na esperança de ver "a cobra fumar", alista-se na FAB como sargento-mecânico, servindo em Parnamirim, RN, (o "trampolim da vitória").

1948 Dá baixa do serviço militar em Natal, onde – em contato com a pobreza da população, contrastada com a opulência dos coronéis locais – tornou-se um homem de esquerda.

1952 Levado por seus pais, é internado numa clínica psiquiátrica por causa da bebida. Seria a primeira de 18 internações.

1954 Presta exame na Escola de Propaganda do Museu de Arte Moderna, passando em primeiro lugar.

1954 Ingressa na McCann-Erickson, onde foi atender à conta da Goodyear.

1955 Deixa a McCann, passando a vender espaço publicitário em caixinhas de fósforos para a Cia. Universal de Fósforos.

1956 Ingressa na agência Aurélio Campos, onde batiza o brinquedo Lig-Lig, da Estrela.

1958 Casa-se em maio com Maria Helena.

1958 É admitido na agência Atlas, onde recebe o primeiro prêmio como publicitário, o Souza Ramos, por uma campanha para o Banco Auxiliar de São Paulo.

1959 Nascimento da primeira filha, Maria Luiza (fevereiro).

1959 Retorna à McCann-Erickson, passando a integrar o grupo Nestlé.

1961 Nascimento do filho Mauricio (janeiro).

1961 Ingressa na agência Alcântara Machado, a convite de João Carlos Magaldi.

1963 Funda a agência Magaldi-Maia & Prosperi, em sociedade com João Carlos Magaldi e Carlos Prosperi Netto. Mais tarde a agência seria reforçada com a entrada de Carlos Queiroz Telles. Inspirado na coincidência de prenomes, Carlito coloca o seguinte endereço telegráfico na agência: C-4.

1964 Nascimento do filho Marco Antônio (abril).

1965 Estréia o Programa Jovem Guarda, criação de Carlito, na TV Record (22 de agosto).

1965 Nascimento da filha Luciana (setembro).

1967 Fechamento da Magaldi-Maia & Prosperi.

1967 Nascimento da filha Mariana (outubro).

1969 Morre Dulce, mãe de Carlito, meses depois de sofrer um atropelamento na avenida Washington Luís, em São Paulo.

1973 Ingressa na Esquire Propaganda, onde fica até setembro, quando é internado no Hospital das Clínicas por problemas com o alcoolismo.

1974 Contratação pela Rede Globo, mais uma vez pelas mãos do amigo João Carlos Magaldi.

1974 Morre Benedito Carlos de Souza, o Petico, pai de Carlito (outubro).

1974 Cria a campanha "Guie sem ódio", para a Rede Globo.

1975 Cria para a Globo o campeonato *Futeboys*, que mobilizou vários times de office-boys.

1976 Depois de uma série de internações em clínicas psiquiátricas, pára de beber em 11 de setembro: "Não há porque apressar o fim, mesmo que se viva no Brasil".

1977 Campanha "O Corinthians vai ser campeão, a Globo garante", campeonato de times de várzea de São Paulo, todos chamados Corinthians.

1978 Recebe o prêmio Colunistas de Publicitário do Ano. "Só trabalha quem não sabe fazer coisa melhor."

1978 Volta a Natal trinta anos depois de ter dado baixa na FAB, desta vez para visitar seu amigo Henfil.

1980 Divorcia-se de Maria Helena (setembro).

1981 Cria o slogan "oPTei". Apesar de nunca ter se filiado ao PT, considerava-se "petista da linha U.I., isto é, pelo PT uno e indivisível"

1982 Conhece Tereza Rodrigues, sua companheira até o final da vida.

1982 Institui um prêmio simbólico para personalidades que se destacaram na luta pela paz, pela justiça e pela liberdade. O Prêmio Mahatma Ghandi da Paz foi concedido a dom Paulo Evaristo Arns; o Prêmio Bertrand Russell da Justiça foi dado ao advogado Heráclito Sobral Pinto; o pensador Alceu Amoroso Lima foi o vencedor do Prêmio Charles Chaplin da Liberdade.

1983 Cria o Tribunal Tiradentes, que julgou e condenou a Lei de Segurança Nacional.

1986 Nascimento da primeira neta, Olivia, filha de Malu (junho).

1988 Cria o slogan "Pintou limpeza" para Eduardo Suplicy, em campanha para a Câmara Municipal de São Paulo.

1988 Primeiro registro do slogan "Lula-lá" (*Jornal do Brasil*, 7 de dezembro), que transformou-se num marco da campanha presidencial de 1989. "Eu não sou do PT, o PT é que é meu".

1991 Colaborador regular da *Folha de S.Paulo*, passa a publicar suas frases no *Linha Direta*, boletim do PT. "A criatividade é filha da necessidade", dizia ele.

1991 Nascimento do neto Mateus, filho de Maurício (agosto).

1991 Nascimento da neta Marina, filha de Mariana e neta também de João Carlos Magaldi (outubro).

1992 Lança o livro *Vale o escrito*, coletânea de artigos, pela Editora Globo.

1993 Morre Carlos Queiroz Telles, amigo de longa data e sócio na Magaldi-Maia.

1994 Participa ativamente da campanha Lula Presidente.

1995 Nascimento da neta Gabriela, segunda filha de Maurício (julho).

1996 Recebe o título de cidadão paulistano pela Câmara Municipal de São Paulo (1º de julho): "Agora sou paulistano de papel passado".

1996 Morre João Carlos Magaldi, o grande amigo de Carlito. A esse baque ele reagiu sem o habitual otimismo: Carlito não foi capaz de ir ao enterro do companheiro.

1998 Semana Carlito Maia, no Espaço Publisher Brasil (9 a 14 de novembro), com a participação de Sergio Mamberti, Lourenço Diaféria, Ricardo Kotscho, Eduardo Suplicy, Eugênio Bucci, Sinval de Itacarambi Leão, Jô Soares, Hilton Acioly, Camilo Torres e muitos outros.

1999 Criação do bloco carnavalesco "Animados do Carlito", que saiu pela primeira vez às ruas de Pinheiros sob a direção de Edson Lima e Fred Maia, produtores da Semana Carlito Maia.

2000 A revista *Imprensa* cria o Troféu Carlito Maia, para premiar defensores da cidadania (10 de abril, Theatro São Pedro)

2001 Segunda e última edição do Troféu Carlito Maia.

2002 Morre, em 22 de junho, aos 78 anos, em São Paulo.

2002 Inauguração do viaduto Carlito Maia (Itaim Paulista, zona leste de São Paulo) pela prefeita Marta Suplicy (2 de outubro).

"Aqueles cujas vidas são proveitosas para si mesmos, para seus amigos ou para o mundo, são inspirados pela esperança e mantidos pela alegria: vêem na imaginação as coisas como poderiam ser e o modo pelo qual poderiam vir a ser reais. Em suas relações particulares, não se sentem angustiados, temerosos de que venham a perder o afeto e o respeito que recebem: ocupam-se em dar afeto e respeito gratuitamente, e a recompensa vem por si mesma, sem ser procurada. Em seu trabalho, não estão perseguidos por ciúmes de concorrentes, mas por interessados na coisa concreta a ser feita. Em política, não perdem tempo e ardor defendendo privilégios iníquos de sua classe ou nação, mas têm em mira tornar todo o mundo mais feliz, menos cruel, menos cheio de conflitos entre mesquinharias rivais, e mais pleno de seres humanos cuja evolução não foi impedida ou atrofiada pela opressão."

Texto de Bertrand Russell panfleteado por Carlito Maia.

Créditos das fotos

Alice Oliveira: p. 70-71;

André Douek: p. 62-63;

Arquivo pessoal de Edson Lima: p. 80, 82b, 83, 93, 102-103;

Arquivo pessoal de Mauricio Maia: p. 15, 31, 40-41, 81, 84, 85a, 85b, 88a, 143;

Arquivo pessoal de Tereza Rodrigues: p. 70-71, 92, 94b, 148-149;

Câmara Três: p. 89;

Camila Butcher: p. 82a, 86-87, 88b;

Douglas Mansur (Incamera): p. 22-23, 90, 94a, 95;

Fábio Lima: p. 97;

Gal Oppido: p. 1, 10-11, 50-51, 96;

Pedro Viegas (Prisma): p. 166-167.

Não foi possível identificar a autoria de muitas das fotos publicadas neste livro pertencentes aos arquivos particulares de Edson Lima, Mauricio Maia e Tereza Rodrigues. Localizados os fotógrafos, a editora se dispõe a creditá-los imediatamente nas próximas edições.

Os editores gostariam de registrar o reconhecimento às pessoas sem as quais não teria sido possível publicar este perfil de Carlito Maia: em primeiro lugar, a Mauricio Maia e Tereza Rodrigues, respectivamente filho e companheira de Carlito, que não apenas cederam grande parte das imagens que compõem este volume mas também nos ajudaram a esclarecer dúvidas na identificação de pessoas, em dados da cronologia e também nos créditos à maioria dos autores das fotografias; somos também muito gratos ao empenho de Edson Lima, um dos organizadores da Semana Carlito Maia, de cujo arquivo pessoal reproduzimos fotos e cartazes; a Frei Betto, que encontrou espaço em sua atribulada agenda para fazer a apresentação; e por último, mas não menos importante, gostaríamos de manifestar nosso agradecimento aos fotógrafos Camila Butcher, Gal Oppido e Douglas Mansur, que cederam graciosamente algumas das mais belas fotografias que ilustram o presente volume.

OUTROS LANÇAMENTOS DA BOITEMPO EDITORIAL

DUAS TARDES – *e outros encontros silenciosos*
João Anzanello Carrascoza

GERAÇÃO 90: manuscritos de computador
Nelson de Oliveira (org.). Contos de Marçal Aquino, Fernando Bonassi, Cíntia Moscovitch, João Anzanello Carrascoza, Luiz Ruffato, Rubens Figueiredo, Marcelo Mirisola e outros

BAUDELAIRE
Théophile Gautier
Tradução de Mário Laranjeira
Apresentação e notas de Gloria Carneiro do Amaral

DAS MEMÓRIAS DO SENHOR DE SCHNABELEWOPSKI
Heinrich Heine
Tradução e apresentação de Marcelo Backes

EU VI UM NOVO MUNDO NASCER
John Reed
Tradução e apresentação de Luiz Bernardo Pericás

NAPOLEÃO
Stendhal
Tradução de Eduardo Brandão
Apresentação de Renato Janine Ribeiro

TROPICALISMO – *decadência bonita do samba*
Pedro Alexandre Sanches

HORIZONTE SILENCIOSO
Maria Lúcia Medeiros

ANITA
Flávio Aguiar
Prêmio Jabuti de Melhor Romance 2000

(OS SOBREVIVENTES)
Luiz Ruffato
Menção Especial do Prêmio Casa de las Américas 2001

A VINGANÇA DA HISTÓRIA
Emir Sader

GERAÇÃO 90 – os transgressores
Nelson de Oliveira (org.) Contos de Arnaldo Bloch, Edyr Augusto, Fausto Fawcett, Marcelo Mirisola e outros

CANUDOS – palavra de Deus, sonho da terra
Benjamim Abdala e Isabel Alexandre (orgs.). Ensaios de Renato Janine Ribeiro, Walnice Galvão, Francisco Foot Hardman e outros

COM PALMOS MEDIDA – terra, trabalho e conflito na literatura brasileira
Organização de **Flávio Aguiar**, ilustrações de **Enio Squeff**
Prefácio de **Antonio Candido**

TERPSÍCORE
Machado de Assis
Prefácio de Davi Arrigucci Jr.

O PRESIDENTE QUE SABIA JAVANÊS
Carlos Heitor Cony e **Angeli**

PAULO AUTRAN – um homem no palco
Entrevista de **Alberto Guzik**
Prêmio Jabuti de Melhor Reportagem 1999

CULTURA E POLÍTICA
Edward Said
Emir Sader (apresentação e organização)

A SEGUNDA VIA
Roberto Mangabeira Unger

CONTROVÉRSIAS E DISSONÂNCIAS
Maurício Segall

ABRAÇOS QUE SUFOCAM – e outros ensaios sobre a liberdade
Roberto Espinosa